1919년 그 약속, 오늘 우리의 민주주의
우리가 지켜낸 헌법

일러두기

이 책에 수록된 헌법 조문은 각 시대의 원문을 기준으로 인용하였습니다. 조문의 일부 표현은 독자의 이해를 돕기 위해 현대어로 풀어 썼지만, 되도록 원문을 그대로 살리고자 했습니다.

모든 인용문은 대한민국 헌법 전문과 역사적 사료에 근거합니다. 수록된 사진과 자료는 공공저작물 또는 저작권자의 허락을 받아 사용하였습니다.

이 책의 글은 법률적 해석이 아니라, 시민의 시선에서 헌법의 의미를 다시 읽고 되새기려는 기록입니다.

우리가 헌법을 만들고
헌법이 역사를 지켜낸다

1 9 1 9

1919년 그 약속,
오늘 우리의 민주주의

1 9 4 8

우리가
지켜낸
헌법

1 9 8 7

대한민국은 민주공화국이다.
대한민국의 주권은 국민에게 있고,
모든 권력은 국민으로부터 나온다.
— 「대한민국헌법」 제1조

이 짧은 두 문장은 백 년의 약속을 이어온,
우리의 목소리입니다.

프롤로그:

헌법은
약속의 언어입니다

헌법은 개인의 자유와 권리를 지키기 위해 만들어졌습니다. 오랜 세월 동안 사람들은 봉건 왕정과 제국주의의 지배에 맞서 싸웠고, 그 열망이 결국 '헌법'이라는 위대한 문서를 낳았습니다. 헌법은 우리가 자유롭고 평등하게 살고자 한 약속의 언어입니다.

예전의 법은 권력을 가진 자가 백성을 다스리는 도구였습니다. 그러나 오늘의 헌법은 다릅니다. "국민이 주인이다"라는 원칙에 따라, 법을 만들고 지키는 힘은 국민에게 있음을 선언합니다. 자유, 평등, 권리, 의무. 이 네 가지는 헌법이 품은 핵심 가치입니다.

우리나라 헌법의 시작은 1919년입니다. 아직 나라를 되찾지 못했지만, 대한민국 임시정부는 먼저 이렇게 선언했습니다. "대한민국은 민주공화국이다." 주권은 국민에게 있고, 모든 사람은 평등하며, 자유롭고 인간다운 삶을 누릴 권리가 있다고 밝혔습니다. 이 정신은 1948년 「제헌헌법」으로 이어졌고, 1987년 개정을 거쳐 오늘의 「대한민국헌법」 속에 살아 있습니다.

저는 한동안 1948년의 「제헌헌법」이 시작이라고 생각했습니다. 하지만 나중에 알게 되었습니다. 그보다 앞선 1919년 「대한민국임시헌장」 속에 이미 우리가 아는 헌법의 핵심이 거의 다 담겨 있었다는 사실요. 나라를 세우는 일은 곧 헌법을 쓰는 일에서 출발했습니다.

「임시헌장」은 주권과 평등을 선언했을 뿐 아니라, 종교·언론·출판·집회·결사의 자유, 거주·이전의 자유, 선거권과 청원권, 교육·병역·납세의 의무까지도 담고 있었습니다. 오늘 우리가 누리는 권리의 상당 부분이 이미 그때 뿌리내린 것입니다.

그 뒤 헌법은 시대의 변화에 따라 여러 차례 고쳐졌습니다. 그러나 변하지 않은 문장이 있습니다.

> 모든 국민은 인간으로서의 존엄과 가치를 가지며, 행복을 추구할 권리를 가진다.

국가는 이 권리를 지켜야 하고, 모두가 존중받으며 살아갈 수 있도록 책임져야 한다고 헌법은 말합니다. 헌법은 말뿐인 선언이 아니라 사회적 기준이자 삶을 지켜주는 울타리입니다. 약자를 보호하고, 누구나 교육받고 일할 수 있는 사회를 만들며, 서로를 존중하며 살아가는 공동체의 토대가 됩니다. 그리고 그 중심에는 언제나 '사람'이 있습니다.

우리는 이미 헌법과 함께 살고 있습니다. 뉴스 속 부당함에 분노할 때, 아이의 교육을 걱정할 때, 일터에서 정당한 대우를 바랄 때… 그 모든 순간이 헌법이 우리에게 준 감각입니다.

저는 2024년 12월 3일 밤의 사건을 겪으며 헌법의 힘을 다시 깨달았습니다. 그 마음으로 1919년의 헌장부터 1987년의 헌법 전문까지, 한 줄 한 줄 되새겨 읽고자 합니다. 이 책은 과거의 기록을 되짚는 데서 멈추지 않습니다. 지금 우리가 가진 권리를 돌아보고, 앞으로 우리가 지켜야 할 책임을 함께 생각하는 책이 되기를 바랍니다.

차례

프롤로그: 헌법은 약속의 언어입니다   6

1부 헌법의 뿌리 - 나라 없는 시대, 먼저 쓴 약속

01 헌법은 우리 곁에 있다   14
02 나라 없는 시대, 헌법부터 만들다   17
03 평등과 자유를 먼저 선언하다   20
04 백 년이 지나도 살아 있는 조항들   23

2부 헌법의 길 - 제정에서 개헌까지

01 해방의 아침, 제헌헌법을 세우다   28
02 이어진 정신, 달라진 모습   34
03 거리에서 다시 태어난 헌법   39
04 아홉 번의 개헌, 누가 헌법을 바꿨는가   44

3부 헌법의 언어 - 우리가 지켜야 할 가치

01 주권은 국민에게 있다   52
02 모든 국민은 평등하다   57
03 다르게 말할 자유   62
04 인간답게 살 권리   67
05 오늘을 지탱하는 세 가지 약속   71

4부 헌법의 실천 - 오늘 우리가 만드는 권리

01	일상에서 만나는 헌법	78
02	권리를 실감하는 순간	82
03	헌법을 다시 쓰는 시민들	85
04	작은 실천이 만드는 큰 변화	88

5부 헌법 직접 읽기

01	1919년 「대한민국임시헌장」 - 평등을 말한 첫 문장	96
02	1919년 「대한민국임시헌법」 - 권력의 틀을 세운, 최초의 헌법	106
03	1948년 「제헌헌법」 - 국가라는 이름으로 쓰인 헌법	120
04	1987년 「대한민국헌법」 - 살아 있는 헌법	140

에필로그: 우리는 헌법을 쓰지 않았지만, 그 곁에 있습니다　　　　　180

1부

헌법의 뿌리

나라 없는 시대,
먼저 쓴 약속

1919

1919년 3·1 만세 운동, 서울의 궁 앞.
수많은 사람이 두 팔을 치켜들고 "대한독립 만세"를 외치고 있다.

01 헌법은 우리 곁에 있다

지하철에서 노인에게 자리를 양보하는 순간, 우리는 헌법 제10조가 말하는 '인간의 존엄과 가치'를 실천하고 있습니다. 뉴스를 보며 "저건 부당한데?" 하고 중얼거릴 때, 우리는 헌법 제21조가 보장하는 '표현의 자유'를 누리고 있는 것입니다.

헌법은 늘 우리 곁에 있지만, 가깝게 느껴지지 않을 때가 많습니다. 학교에서 외운 몇 줄의 정의나 뉴스 속 단어로만 남아, 시험을 위한 문장처럼 낯설게 다가오기 쉽습니다. 하지만 헌법은 오랫동안 사람들이 함께 살아가기 위해 세운 약속입니다. 누군가를 지배하기 위한 법이 아니라, 서로를 지키며 공존하기 위한 기준입니다.

예전에는 나라를 다스리는 힘이 왕이나 제국의 권력자에게 있었습니다. 사람들은 그 아래 놓인 존재에 불과했지요. 그러나 "사람은 누구나 존엄하다"는 믿음은 긴 역사적 투쟁 속에서 자라났고, 그 믿음을 약속의 문서로 담아낸 것이 바로 헌법입니다. 헌법은 "모든 사람은 소중하다"는 선언에서 출발했으며, 그 정신은 지금도 우리 헌법 속에 살아 있습니다.

그렇다면 헌법은 단순한 선언에 불과할까요? 그렇지 않습니다. 헌법은 자유와 권리를 보장하는 동시에, 권력이 남용되지 않도록 견제하는 장치이기도 합니다. "국민이 나라의 주인이다"라는 생각은 헌법의 가장 기본적인 출발점이자 민주주의의 핵심입니다. 헌법은 이렇게 말합니다. "국가의 모든 권력은 국민으로부터 나온다."

사실 우리는 일상에서 헌법을 자주 마주합니다. 말할 자유, 살고 싶은 곳에서 살 자유, 함께 모여 목소리를 낼 자유는 모두 헌법이 보장하는 권리입니다. 교육받을 권리, 일할 권리, 아플 때 치료받을 권리, 안전하게 쉴 권리도 마찬가지입니다. 헌법은 우리의 하루하루에 깊이 스며 있는 약속입니다.

그래서 헌법은 먼 법전 속 문장이 아니라, 오늘을 살아가는 우리 곁의 신호입니다. 누군가 억울하다고 말할 수 있는 공간, 서로 다른 목소리가 함께 존재할 수 있는 사회. 그 바탕에는 언제나 헌법이 있습니다. 헌법을 안다는 건 조문을 외우는 일이 아니라, 내 삶의 토대

● 우리 삶과 연결된 헌법

일상의 장면	관련 헌법 권리/원리
아르바이트 시급을 확인할 때	근로의 권리 (제32조)
뉴스를 비판하며 의견을 나눌 때	표현의 자유 (제21조)
아이가 학교에서 수업을 들을 때	교육받을 권리 (제31조)
병원 진료비 걱정하며 서류를 낼 때	인간다운 생활권, 사회 보장 (제34조)
지하철에서 노인에게 자리를 양보할 때	인간의 존엄성 존중 (제10조)
온라인에서 정치적 의견을 표현할 때	표현의 자유 (제21조)
직장에서 부당한 대우에 항의할 때	근로의 권리 (제32조)

를 이루는 원칙을 이해하는 일입니다.

헌법 전문의 마지막 부분에서는 이렇게 말합니다. "우리들과 우리들의 자손의 안전과 자유와 행복을 영원히 확보할 것을 다짐하면서" 이 문장은 단지 과거의 다짐이 아니라, 오늘 우리가 되새겨야 할 약속입니다. 헌법은 우리가 어떤 사회를 만들고 싶은지를 묻는 질문이며, 그 답을 함께 찾아가는 언어입니다. 그리고 그 언어를 매일 실천하는 존재는 바로 우리입니다.

02 나라 없는 시대, 헌법부터 만들다

상상해 보세요. 땅도 군대도, 정부 건물도 없는 상황에서 가장 먼저 무엇을 세우겠습니까? 1919년, 상하이에 모인 독립운동가들의 대답은 뜻밖이었습니다. 그들은 '헌법'을 선택했습니다.

그해 조선은 나라를 빼앗긴 상태였습니다. 사람들은 '국민'이 아니라 '식민지 백성'이라 불렸고, 국가라 부를 만한 기반은 어디에도 없었습니다. 그러나 독립운동가들은 "대한민국"이라는 이름을 세상에 선포했습니다. 그들은 국호만이 아니라 '헌장'을 발표하고 '헌법'까지 제정했습니다.

국토도 군대도, 완전한 정부 조직도 없는 상황에서 그들이 가장 먼저 만든 것은 헌법이었습니다. 나라가 없는 시대에 헌법을 세웠다는 사실은 지금도 놀랍습니다. 하지만 그들에게는 분명한 믿음이 있었습니다. "헌법이 있어야 나라가 있다."

외세에서 벗어나는 것만으로는 충분하지 않았습니다. 어떤 나라를 세울 것인지, 어떤 사회를 꿈꿀 것인지까지 분명히 말해야 했습니다. 그 답을 문장으로 남긴 것이 바로 「대한민국임시헌장」과 「대한민국임시헌법」입니다.

임시정부는 새로운 나라의 모습을 이렇게 선언합니다. "대한민국은 민주공화제로 함." 이 말은 왕이 없는 나라, 식민 권력이 아닌 인민의 힘으로 세운 나라를 뜻합니다. 주권은 인민 전체에 있고, 모든 사람이 평등하며 자유롭다는 이 선언은 당시로서는 파격적이었습니다. 그리고 오늘의 헌법 정신으로 이어지고 있습니다.

헌법은 현실을 정리하는 규칙에 그치지 않습니다. 아직 오지 않은 사회를 먼저 상상하고, 그 미래를 문장으로 그려내는 약속의 글입니다. 1919년의 헌법이 바로 그런 문서였습니다. "이 나라는 누구의 것인가?"라는 질문에 가장 먼저 답한 선언이자, 앞으로 어떤 공동체가 되어야 하는지를 밝힌 약속이었습니다.

그래서 임시헌장과 임시헌법은 단지 독립운동의 상징이 아니었습니다. 정부 조직의 형태, 권력의 분립과 견제, 국민의 권리와 의무까지 담고 있었습니다. 이 정신은 단절되지 않고, 1948년 「제헌헌법」을 거쳐 오늘의 「대한민국헌법」으로 이어졌습니다.

● 「임시헌장」이 남긴 약속

    제1조 　대한민국은 민주공화제로 함.

    → 왕이 아닌 국민이 나라의 주인이라는 선언

    제3조 　남녀귀천 및 빈부의 계급이 무(無)하고 일체 평등함.

    → 성별·신분·재산과 관계없이 모든 사람이 평등하다는 최초의 선언

    제4조 　언론·저작·출판·결사·집회의 자유를 향유함.

    → 생각하고 말하고 모일 수 있는 자유의 보장

    제5조 　선거권 및 피선거권이 있음.

    → 모든 국민이 정치에 참여할 수 있는 권리

    제6조 　교육·납세 및 병역의 의무가 있음.

    → 자유로운 시민으로서 공동체를 위해 져야 할 책임

나라가 없던 시절, 법으로 나라를 세운 사람들이 있었습니다. 그들은 단지 독립을 외친 것이 아니라 자유롭고 평등한 공동체를 꿈꾸며 첫 문장을 써 내려갔습니다. 오늘 우리가 헌법을 읽는다는 것은, 그들이 상상했던 미래가 지금 어디쯤 와 있는지를 함께 되묻는 일입니다.

03 평등과 자유를 먼저 선언하다

1919년, 대한민국 임시정부가 "민주공화제"를 선언한 것은 시작에 불과했습니다. 진짜 중요한 것은 그다음이었습니다. 도대체 누가 이 나라의 주인인가, 그리고 어떤 삶이 보장되어야 하는가?

임시정부는 헌법을 통해 지금 우리가 당연하게 여기는 가치를 이미 분명히 선언했습니다. 나라를 빼앗긴 상황에서도 그들은 무엇보다 '사람의 권리'를 먼저 이야기했습니다. 국민이 주인이라는 약속이 있어야 비로소 국가의 형태가 설 수 있었고, 임시헌법은 바로 그 약속을 문장으로 담아낸 기록이었습니다.

그 헌법은 주권이 인민에게 있음을 밝히며, 모든 차별을 단호히 거부했습니다. 남자와 여자, 양반과 천민, 가진 자와 그렇지 못한

자…. 그 어떤 구분도 주인 되는 권리의 기준이 될 수 없다고 못 박았습니다. 이는 단순한 이상이 아니라, 새로운 공동체를 만들기 위한 실천의 출발점이었습니다.

또한 말할 권리, 생각을 지킬 자유, 모일 수 있는 권리 역시 빠짐없이 담았습니다. 언론과 출판, 집회와 결사의 자유는 선언에 그치지 않고 조문 하나하나로 구체화되었습니다. 신앙을 선택할 자유, 거주지를 옮길 자유, 재산을 가질 권리도 명확히 기록돼 있었습니다. 이 모든 내용은 어떤 공동체를 만들고자 했는지를 보여주는 실마리였고, 헌법은 단순한 정치 도구가 아니라 사람답게 살아가기 위한 최소

● 1919년, 임시헌법이 먼저 말한 권리와 의무

항목	1919년 임시헌법 조문 내용 (요약)	조항	현행 헌법 대응 조항
평등권	일체 평등	제4조	제11조①
종교의 자유	신교의 자유	제8조①	제20조①
재산권	재산 보유·영업의 자유	제8조②	제23조①
표현·결사의 자유	언론·저작·출판·집회·결사의 자유	제8조③	제21조①
통신·거주의 자유	서신 비밀의 자유 거주·이전의 자유	제8조④·⑤	제14조, 제16조
의무	납세·병역·보통교육의 의무	제10조	제38·39조, 제31조

한의 언어였음을 증명합니다.

그러면서도 임시헌법은 자유만을 강조하지 않았습니다. 자유가 유지되려면 시민이 함께 감당해야 할 의무도 분명히 밝혔습니다. 교육받을 의무, 나라를 지킬 의무, 세금을 낼 의무…. 권리와 책임은 언제나 함께 가며, 자유는 결코 홀로 존재하지 않는다는 사실을 그들은 이미 알고 있었습니다.

결국 헌법은 권력의 구조만 짜는 기술적인 문서가 아니었습니다. 그것은 "인간의 존엄을 어떻게 지켜낼 것인가"에 대한 사회의 응답이었고, 나라 없는 시대에 쓰였지만 오늘 우리의 삶을 미리 그려낸 '미래의 문장'이기도 했습니다.

04 백 년이 지나도
살아 있는 조항들

1919년 임시헌법의 정신만으로도 놀랍지만, 더 놀라운 것은 그 구체적인 내용입니다. 백 년이 지난 지금 다시 읽어도 전혀 낡지 않은 조항들이 그 속에 담겨 있습니다. 단순한 선언이 아니라, 오늘의 헌법과 나란히 놓아도 손색없는 권리와 제도들이 이미 그때 기록되어 있었습니다.

그 헌법은 체포나 수색은 반드시 법률에 따라야 한다고 명시했습니다. 주거의 자유와 서신의 비밀, 청원권과 소송권까지, 오늘 우리가 누리는 권리들이 이미 그 문서 안에 자리하고 있었습니다. 나라조차 제대로 세워지지 않았던 시기에 이런 조항을 적어냈다는 사실은, 오늘의 헌법이 어디에서 비롯되었는지를 비춰주는 빛이 됩니다.

● 1919년, 이미 말했던 것들

법률에 의치 아니하면 체포 감금 신문 처벌을 받지 아니하는 권리

→ 법의 근거 없이는 누구도 체포하거나 처벌할 수 없다는 원칙

현행헌법 제12조 신체의 자유, 영장주의와 동일

법률에 의치 아니하면 가택의 침입 또는 수색을 받지 아니하는 권리

→ 영장 없이는 집에 함부로 들어갈 수 없다는 주거의 자유

현행헌법 제16조와 동일

문무관에 임명되는 권리 또는 공무에 취하는 권리

→ 능력을 갖춘 누구나 공무원이 될 수 있는 권리

현행헌법 제25조 공무담임권과 동일

법원에 소송하여 그 재판을 받는 권리

→ 억울한 일을 당했을 때 법원에서 공정한 재판을 받을 권리

현행헌법 제27조 재판을 받을 권리와 동일

특히 주목할 점은 권력을 견제하고 제한하는 장치였습니다. 임시헌법은 행정부 수반에게 국방과 외교, 군 통수권을 부여하면서도 임

시의정원(오늘의 국회)의 동의 없이는 중요한 결정을 내릴 수 없도록 했습니다. 법률에 관한 명령조차 국무원의 동의와 임시의정원의 승인을 거쳐야만 했습니다. 쉽게 말해, 대통령 혼자서는 아무것도 결정할 수 없는 구조였습니다. 권력이 법보다 앞서지 못하도록 제도를 설계한 것입니다.

헌법은 언제나 현실보다 한발 앞서 있어야 합니다. 현실에 맞추는 데 그쳤다면 그 조항들은 이렇게 분명하게 쓰이지 않았을 것입니다. 헌법을 만든 사람들은 알고 있었습니다. 새로운 나라는 새로운 문장 위에서 시작되어야 하며, 그 문장은 사람을 보호하는 문장이어야 한다는 것을.

그래서 그들은 법률 없이 체포하거나 처벌하는 것을 금지했고, 누구나 법 앞에 평등하다고 말했으며, 사생활을 지킬 권리까지 문장으로 남겼습니다.

오늘 우리가 헌법을 다시 읽는다는 것은, 그 마음을 오늘의 언어로 붙잡는 일입니다. 놀라운 조항이란 과거에 쓰였다는 이유만으로 특별한 것이 아니라, 지금도 여전히 의미 있고, 아직 완전히 실현되지 않았으며, 살아 있는 문장입니다. 그리고 그 문장을 지켜나갈 책임은 이제 우리에게 있습니다.

2부

헌법의 길

제정에서
개헌까지

1948

대한민국 민주공화국의 출발을 알린 제헌국회 개원식(1948년).

01 해방의 아침, 제헌헌법을 세우다

1919년 상하이에서 시작된 헌법의 꿈은 29년 만에 현실이 되었습니다. 1948년, 마침내 우리 땅에서 우리 손으로 헌법을 만들 기회가 찾아온 것입니다.

1945년 8월 15일, 해방은 우리 민족에게 새로운 시작을 안겨 주었습니다. 그러나 국토는 남북으로 나뉘었고, 미군정이 통치하는 가운데 어떤 국가를 세울지에 대한 합의도 없는 혼란스러운 시기였습니다. 일본 제국주의로부터의 독립은 이루었지만, "이제 어떻게 함께 살아갈 것인가"라는 물음은 여전히 남아 있었습니다.

이때 우리에게 가장 필요했던 것은 단순히 정부 조직을 만드는 일이 아니었습니다. 그 조직이 누구를 위해 존재하며, 어떤 원칙 위에서 움직일지를 정하는 근본적인 약속, 곧 '헌법'이 필요했습니다.

헌법의 자리: 모든 법 위의 기준

모든 법의 위에 헌법이 있습니다. 헌법은 국민이 합의한 최고의 규범으로서, 국가의 모든 법질서를 이끄는 뿌리입니다.

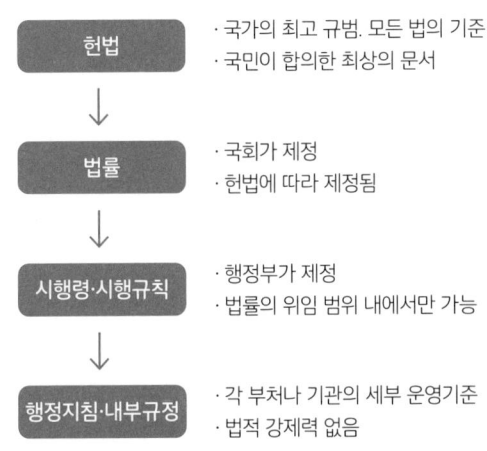

1948년 7월 17일, 대한민국은 첫 번째 헌법을 제정했습니다. 제헌헌법은 단순히 법률 체계를 정비하는 작업이 아니라, 우리가 어떤 나라를 만들고 싶은지를 드러내는 선언이자 다짐이었습니다.

그 전문(前文)은 이렇게 시작합니다.

유구한 역사와 전통에 빛나는 우리들 대한국민은 기미 삼일운동으로 대한민국을 건립하여 세계에 선포한 위대한 독립정신을 계승하여 이제 민주독립국가를 재건함에 있어서…

― 〈제헌헌법〉 전문 중

또 국민이 권력의 주체임을 분명히 밝혔습니다.

대한민국은 민주공화국이다.
대한민국의 주권은 국민에게 있고 모든 권력은 국민으로부터 나온다.

―「제헌헌법」제1조·제2조

권력을 나누고, 국민을 지키는 장치

제헌헌법은 권력의 집중을 막기 위해 삼권분립의 원칙을 채택했습니다.

대통령제와 내각제 요소가 혼합된 형태였지만, 실제로는 대통령에게 권력이 다소 기울었습니다. 사법부는 독립적 재판권을 보장받았으나 헌법재판소는 아직 설치되지 않았고, 개인이 헌법을 근거로 직접 권리를 주장할 절차도 뒤늦게 마련되었습니다. 그럼에도 제헌헌법

● 제헌헌법의 권력 나눔 구조

국회 (입법권)
· 국민이 직접 선거
· 단원제 구성
· 법률 제정, 예산 심의

견제와 균형 ↙↗   ↖↘ 견제와 균형

대통령 중심 정부 (행정권)
· 국회에서 간접 선거
· 국무총리·국무위원이 보좌
· 법률 집행, 국정 운영

법원 (사법권)
· 대법원장은 대통령 임명, 국회 승인
· 독립적 재판
· 헌법 위반 여부 판단

은 권력의 분산과 균형을 통해 민주공화국의 기본 틀을 세웠습니다.

또한 제헌헌법은 "모든 국민은 법 앞에 평등하다"는 조항으로 누구도 차별받으면 안 된다는 원칙을 선언했습니다.

> 모든 국민은 법률 앞에 평등이며, 성별, 신앙 또는 사회적 신분에 의하여 정치적, 경제적, 사회적 생활의 모든 영역에 있어서 차별을 받지 아니한다.
>
> —「제헌헌법」 제8조

사상·종교·양심·언론·집회의 자유가 보장되었고, 교육받을 권리·근로권·재산권·주거권 등 구체적 삶의 조건도 명시되었습니다. 이 평등의 정신은 훗날 현행헌법 제10조의 '인간의 존엄과 가치, 행복추구권' 조항으로 이어졌습니다.

이 조항들은 단지 권리 목록이 아니라, 식민지와 전쟁의 경험을 넘어 새로운 사회를 설계하려는 시민적 상상력이 담긴 문장이었습니다. 권력의 견제, 평등의 보장, 인간의 존엄이라는 세 축이 제헌헌법 속에서 처음으로 한 문장 안에 공존하게 되었고, 이는 이후 대한민국 민주주의의 방향을 결정짓는 기초가 되었습니다.

그러나 권리에는 책임이 따릅니다. 제헌헌법은 국민에게 교육·근로·납세·국방의 의무를 명확히 부여했습니다. 국가는 국민의 권리를 지키고, 국민은 공동체를 함께 책임지는 균형적인 관계가 제헌헌법

● 제헌헌법 주요 조문 키워드

주제	제헌헌법 조문	메시지
국가형태	"대한민국은 민주공화국이다." (제1조)	주권은 국민에게
권리 보장	"모든 국민은 법률 앞에 평등이며…" (제8조)	인간 존엄, 자유, 권리
권력 구조	"입법권은 국회가 행한다." (제31조)	삼권분립 원칙
의무 명시	"모든 국민은 근로·납세·국방의 의무를 진다." (제17·29·30조)	책임 있는 주권자

의 정신이었습니다.

제헌헌법은 단순히 정부를 출범시키는 절차가 아니라, 국민과 국가가 맺은 새로운 시대의 계약이었습니다. 1919년 임시헌법의 정신을 이어받되, 실제 국가를 운영할 수 있는 구체적 제도로 발전시킨 것이었습니다. 우리 헌법의 출발은 "함께 어떻게 살 것인가"에 대한 대답이었습니다.

02 이어진 정신, 달라진 모습

1948년 제헌헌법을 만든 사람들은 백지에서 시작하지 않았습니다. 그들 앞에는 이미 29년 전, 선배들이 써놓은 소중한 문장이 있었습니다. 바로 1919년 「대한민국임시헌장」과 「대한민국임시헌법」입니다. 이 헌장과 헌법은 나라를 잃은 시기에 만들어졌지만, 단순한 독립 선언이 아니었습니다. 독립운동가들은 주권을 되찾는 데에만 머물지 않고, 그 주권이 누구에게 있는지를 분명히 밝혔습니다.

30년 뒤 제헌헌법은 그 정신을 구체적인 체계로 이어받았습니다. 조건은 달라졌지만, 지향점은 같았습니다.

국가형태의 연속성

1919년의 임시헌장은 이렇게 시작했습니다.

대한민국은 민주공화제로 함.

— 「임시헌장」 제1조

1948년 제헌헌법은 이를 확장했습니다.

대한민국은 민주공화국이다.
대한민국의 주권은 국민에게 있고, 모든 권력은 국민으로부터 나온다.

— 「제헌헌법」 제1조·제2조

두 헌법 모두 '민주공화국'을 선언하며, 권력의 주인이 국민임을 분명히 했습니다.

평등과 자유권의 계승과 발전

1919년, 여성에게 투표권조차 없던 시대였습니다. 그럼에도 임시헌장은 이렇게 선언했습니다.

대한민국의 인민은 남녀귀천 및 빈부의 계급이 무하고 일체 평등함.

— 「임시헌장」 제3조

제헌헌법은 이 정신을 이어받아, 차별받지 않을 권리를 구체적으로 규정했습니다.

모든 국민은 법률 앞에 평등이며, 성별, 신앙 또는 사회적 신분에 의하여 정치적, 경제적, 사회적 생활의 모든 영역에 있어서 차별을 받지 아니한다.

— 「제헌헌법」 제8조

언론·출판·집회·결사·종교의 자유 역시 양쪽 헌법이 공통으로 보장한 핵심 가치였습니다. 제헌헌법은 이를 더욱 정교하게 다듬어, 오늘날 헌법재판에서 가장 자주 인용되는 조항이 되었습니다.

권력 구조, 1919년에서 1948년으로

임시헌법은 삼권분립 원칙을 명확히 했습니다.

대한민국의 입법권은 의정원이, 행정권은 국무원이, 사법권은 법원이 행사함.

— 「임시헌법」 제5조

제헌헌법은 이를 국가 운영의 틀로 구체화했습니다.

입법권은 국회가 행한다.

— 「제헌헌법」 제31조

● 말은 달라도, 뜻은 같았다

항목	1919년 임시헌장·임시헌법	1948년 제헌헌법	의미
국가형태	"대한민국은 민주공화제로 함"	"대한민국은 민주공화국이다."	국가 정체성의 연속성
주권	"주권은 대한인민 전체에 있음"	"주권은 국민에게 있고…"	주권재민 원칙 계승
평등	"남녀·귀천·빈부의 계급이 무하고 일체 평등함"	"모든 국민은 법률 앞에 평등하며…"	차별 거부, 인간 존엄 발전
표현의 자유	언론·출판·집회·결사의 자유	동일한 자유 보장	자유권의 뿌리 공유
권력구조	의정원·국무원·법원	국회·정부·법원	삼권분립 원칙의 정착

국민이 직접 선출한 국회가 국가 운영의 중심을 이루었습니다. 그러나 동시에 대통령의 권한은 여전히 강력했고, 권력 남용의 여지는 남아 있었습니다.

제도는 만들어졌지만, 민주주의는 저절로 굴러가지 않았습니다. 권력이 제도를 앞서던 시기가 이어졌고, 시민들은 다시 헌법을 불러내야 했습니다.

03 거리에서 다시 태어난 헌법

1948년 제헌헌법이 만들어진 뒤, 우리 헌법은 여러 차례 개정되었습니다. 그러나 그 변화가 언제나 바람직했던 것은 아니었습니다. 때로는 권력을 연장하기 위해, 때로는 독재를 정당화하기 위해 헌법이 이용되기도 했습니다.

그러나 1987년 6월, 시민들은 마침내 "이제 그만!"이라고 외쳤습니다. 서울 도심과 대학가, 공장과 골목마다 울려 퍼진 그 외침은 단순한 정권 교체 요구가 아니었습니다. 그들은 "우리는 어떤 사회를 원하는가"라는 물음을 헌법에 던지고 있었습니다.

왜 거리로 나와야 했을까요?

1972년 유신헌법 이후, 대통령은 거의 모든 권력을 독점했습니다.

간접 선거로 선출된 대통령은 국회를 해산할 수 있었고, 기본권은 쉽게 제한되었습니다. 1980년 제5공화국 헌법도 이런 구조를 그대로 이어받았습니다. 헌법은 국민의 것이 아니라, 권력자의 도구가 되어 있었습니다.

대통령을 국민이 직접 뽑는 나라

1987년 개헌의 핵심은 '대통령 직선제 도입'이었습니다.

> 대통령은 국민의 보통·평등·직접·비밀선거에 의하여 선출한다.
> ―「헌법」 제67조 제1항

'보통·평등·직접·비밀선거'. 이 네 단어는 민주주의를 이루는 가장 분명한 원칙이 되었습니다. 이제 국민 모두가 대통령을 직접 뽑게 되었고, 민주주의는 시민의 손끝에서 작동하는 현실이 되었습니다.

일상에 닿은 헌법의 약속

1987년 개헌은 권력 구조만을 바꾼 것이 아니었습니다. 무엇보다 중요한 것은 "국가란 무엇을 보장해야 하는가"라는 질문에 새로운 답을 내놓았다는 점이었습니다. 가장 앞자리에 실린 조항은 이렇게 말합니다.

> 모든 국민은 인간으로서의 존엄과 가치를 가지며, 행복을 추구할 권리를 가진다. 국가는 개인이 가지는 불가침의 기본적 인권을 확인하고 이를 보장할 의무를 진다.
>
> ―「헌법」제10조

제헌헌법의 정신을 계승하면서도, 더 강력하고 분명한 표현으로 바뀐 이 조항은 헌법의 첫머리에 자리 잡아 오늘날까지 모든 기본권 해석의 기준이 되고 있습니다.

또한 구체적인 권리들이 국민의 일상으로 들어왔습니다.

> 모든 국민은 근로의 권리를 가진다. 국가는 사회적·경제적 방법으로 근로자의 고용의 증진과 적정임금의 보장에 노력하여야 하며
>
> ―「헌법」제32조 제1항

> 모든 국민은 건강하고 쾌적한 환경에서 생활할 권리를 가지며
>
> ―「헌법」제35조 제1항

이처럼 노동권·환경권·정보공개청구권·국가배상청구권 등은 국민이 일상에서 체감할 수 있는 권리로 구체화되었습니다. 헌법은 추상적인 규범을 넘어, 생활 속 권리의 문장이 되었습니다.

1987년 개정의 또 다른 핵심은 헌법재판소의 설치였습니다. 그전까지는 위헌 여부를 대법원이 판단했고, 개인이 헌법을 근거로 권리를 직접 주장할 절차도 없었습니다. 그러나 이제 국민 누구나 헌법재판소에 헌법소원을 제기할 수 있게 되었습니다. 헌법은 '국가의 규칙'에서 '개인의 권리를 지키는 방패'로 변모했습니다.

거리에서 만들어진 헌법

1987년의 헌법은 우리에게 묻습니다. "헌법은 누가 만드는가?" 그

● 1987년, 시민이 바꾼 헌법

변화 항목	1987년 개헌 내용	의미
대통령 선출 방식	"국민의 보통·평등·직접·비밀 선거에 의하여 선출"	대통령 직선제 도입
기본권 보장	"인간의 존엄, 행복추구권, 근로권, 환경권 등 신설·강화"	헌법이 권리를 중심에 둠
헌법재판소 설치	위헌 심판, 헌법소원 가능	국민의 권리구제 수단 마련
헌법 전문 개정	"4·19 민주이념 계승" 등 포함	헌법의 역사적 정당성 강화

해답은 분명합니다. 정치인이나 법률가가 아니라, 거리의 시민들이 만든 헌법입니다.

그날의 외침은 기록이 되었습니다.

대통령은 국민이 직접 뽑게 되었고, 권리는 재판으로 지켜지게 되었습니다. 말할 자유는 법률로 보장되었고, 선택할 권리는 헌법에 새겨졌습니다. 그리고 '바꿀 수 있다'는 확신은 민주주의를 살아 있는 제도로 만들었습니다.

1987년, 헌법은 거리에서 다시 쓰였습니다.

04 아홉 번의 개헌,
누가 헌법을 바꿨는가

1987년 개헌은 끝이 아니라 새로운 시작이었습니다. 헌법은 한 번 쓰고 영원히 고정되는 문서가 아니라, 시대의 변화와 국민의 요구에 따라 바뀌고 또 바뀔 수 있습니다.

● 개헌 연표

1차(1952) 대통령·부통령 직선제 도입(발췌 개헌)

2차(1954) 초대 대통령의 중임 제한 철폐(사사오입 개헌)

3차(1960) 4·19혁명 직후 의원내각제로 전환

4차(1960) 헌법재판소 설치, 기본권 강화 등

5차(1962) 5·16 군사정변 이후 대통령제 복귀

6차(1969) 대통령 3선 허용(3선 개헌)

7차(1972) 유신헌법(영구 집권 체제)

8차(1980) 제5공화국 헌법(대통령 간선제 유지 등)

9차(1987) 6월 항쟁 이후 현행헌법(대통령 직선제 도입)

헌법을 바꾼 사람들

대한민국 헌법의 역사는 권력만의 산물이 아니었습니다. 시민이 직접 헌법을 바꾼 흐름도 있었습니다.

첫 번째는 1960년 4·19혁명 이후였습니다. 시민의 힘으로 이승만 정권이 무너지고, 대통령제에서 의원내각제로 전환하는 개헌이 이루어졌습니다.

두 번째는 우리가 앞서 살펴본 1987년 6월 항쟁입니다. 거리로 나온 수많은 시민의 외침은 대통령 직선제를 담은 헌법 개정을 이끌어 냈고, 1987년 10월 29일, 현행헌법이 공포되었습니다.

(이 헌법은) 1948년 7월 12일에 제정되고 8차에 걸쳐 개정된 헌법을 이제 국회의 의결을 거쳐 국민투표에 의하여 개정한다.

― 「1987 개정헌법」 전문 중

● 권력의 개헌 vs 시민의 개헌

구분	권력 주도 개헌	시민 주도 개헌
목적	권력 연장, 정권 정당화	민주주의 발전, 기본권 확대
과정	위로부터 강요, 형식적 절차	아래로부터의 요구, 시민 참여
결과	민주주의 후퇴, 기본권 제약	권력 견제 강화, 국민 주권 실현
사례	사사오입 개헌(1954) 유신헌법(1972) 제5공화국 헌법(1980)	4·19혁명 이후 의원내각제(1960) 6월 항쟁 후 직선제(1987)

반대로 권력자의 필요에 의해 주도된 개헌도 있었습니다. 1차 개헌(1952년, 발췌 개헌)은 이승만이 재선을 위해 대통령 직선제를 도입한 것이었고, 이어진 2차 개헌(1954년, 사사오입 개헌)은 이승만의 중임 제한을 없애기 위해 "사사오입"이라는 억지 논리로 통과되었습니다.

이후 7차 개헌(1972년, 유신헌법)은 박정희가 영구 집권을 위해 대통령을 간접 선거로 뽑고 임기 제한을 없애며 권력을 강화한 헌법이었으며, 8차 개헌(1980년, 제5공화국 헌법)은 전두환 정권이 군사 쿠데타 후 만든 것으로, 겉으로는 민주적 형식을 띠었으나 실질적으로는 권위주의 체제를 유지했습니다.

헌법은 누가 개정하는가

헌법 개정은 단순한 법 조항의 수정이 아니라, 한 시대의 긴장과 저항, 그리고 희망을 담은 기록입니다. 2025년 현재 우리가 사용하는 헌법은 1987년 개정헌법이며, 그 전문은 이렇게 말합니다.

> 우리 대한국민은 3·1운동으로 건립된 대한민국임시정부의 법통과 불의에 항거한 4·19민주이념을 계승하고, 조국의 민주개혁과 평화적 통일의 사명에 입각하여
>
> —「헌법」 전문 중

이는 단순한 서문이 아니라, 국민이 만든 민주주의의 기억을 제도 안에 새긴 약속입니다.

헌법은 완성된 문장이 아니라, 시대와 함께 자라나는 문장입니다. 1948년 제헌헌법이 독립국가의 틀을 세웠다면, 1960년의 개헌은 민주주의의 숨을 되찾았고, 1987년의 개헌은 국민이 직접 헌법을 되살려낸 순간이었습니다. 각 시대의 개헌은 단순히 권력 구조를 바꾼 사건이 아니라, "어떤 사회를 만들 것인가"에 대한 국민의 답이었습니다. 그래서 헌법은 언제나 한 세대의 목소리로 다시 쓰입니다. 누군가의 연설문이 아니라, 거리의 함성·교실의 질문·시민의 손글씨로 완

성되는 문장인 셈입니다.

헌법 제10장 헌법개정에서는 이렇게 규정합니다.

- 개헌은 대통령 또는 국회의원 과반수의 발의로 제안한다.
- 국회는 재적의원 3분의 2 이상의 찬성으로 의결한다.
- 개헌안은 국민투표에서 과반수의 찬성을 얻어야 확정된다.

이 조항은 개헌이 통치 권력의 도구가 아니라, 국민의 동의로 완성되는 사회적 계약임을 보여줍니다.

그러나 개헌 절차보다 더 중요한 것은 '누가, 어떤 마음으로 헌법을 고치는가'입니다. 헌법을 바꾸는 일은 문장을 바꾸는 것이 아니라, 우리 삶의 기준을 다시 정하는 일입니다. 따라서 헌법은 법조문 이전에 시민의 언어입니다. "지금의 헌법이 우리를 충분히 보호하고 있는가?" "더 평등하고 지속가능한 사회를 위해 무엇이 바뀌어야 하는가?" 이 질문들이 모일 때, 비로소 개헌은 국민의 이름으로 이루어질 수 있습니다.

오늘날에도 4년 중임제, 권력 구조 개편, 기본권 확대, 지방분권, 통일 대비 등 다양한 개헌 논의가 이어지고 있습니다. 그러나 어떤 개헌도 국민의 요구와 합의 없이는 의미가 없습니다.

앞으로의 개헌은 더 이상 정치의 언어가 아니라, 시민의 일상에서 시작되어야 합니다. 학교의 헌법 교육, 지역사회의 토론, 청소년과 청년 세대의 참여가 함께할 때, 헌법은 살아 있는 토대가 됩니다.

언젠가 또다시 헌법을 고치게 될 날이 온다면, 그 문장도 국민이 함께 써야 합니다. 그렇게 할 때 헌법은 다음 시대에도 우리의 삶을 지켜주는 살아 있는 문서로 남게 될 것입니다.

3부
헌법의 언어

우리가 지켜야 할 가치

1987

국회 앞을 밝힌 촛불, 헌법을 지키는 시민의 빛. ⓒ 연합뉴스

01 주권은 국민에게 있다

지금까지 우리는 헌법이 어떻게 만들어졌고, 어떻게 바뀌어 왔는지를 살펴보았습니다. 이제는 그 헌법이 우리에게 무엇을 약속하고 있는지, 우리가 어떤 권리를 가지고 있는지를 구체적으로 들여다볼 차례입니다. 그 첫 번째는 모든 권리의 출발점인 '주권'입니다.

> 대한민국은 민주공화국이다.
> 대한민국의 주권은 국민에게 있고, 모든 권력은 국민으로부터 나온다.
> ―「헌법」 제1조

우리는 이 조항을 교과서처럼 외우지만, 이는 단순한 국가형태의 설명이 아닙니다. 헌법 전체를 이끄는 핵심 원리이자, 사회의 방향을 정하는 나침반입니다.

'주권'은 나라의 중요한 결정을 최종적으로 내릴 권리, 곧 법을 만들고, 집행하며, 판단하는 근본 권한을 뜻합니다. 과거 왕정에서는 군주가 독점했지만, 민주공화국에서는 그 권한이 모든 국민에게 나뉘어 있습니다.

'민주공화국'이라는 표현 역시 단순한 정치체제를 지칭하는 말이 아닙니다. 그것은 '국민이 중심이 되는 나라'라는 약속입니다. 국민은 단지 투표만 하는 존재가 아니라, 권력을 위임하고 감시하며, 필요할 때 그 방향을 바꿀 수 있는 주체입니다. 국가는 국민을 위해 존재하며, 어떤 권력도 국민의 동의 없이 행사될 수 없습니다.

● 헌법 제1조, 대한민국의 출발점

민주공화국

→ 국민이 통치의 주체가 되는 나라

주권은 국민에게

→ 모든 정치권력은 국민의 동의와 위임으로 발생

권력은 국민으로부터

→ 위임받은 권력은 국민의 뜻에 따라 견제와 교체 가능함

제도 안에 살아 있는 주권

주권은 구호가 아니라 제도를 통해 작동합니다. 그 대표적인 방식이 바로 선거입니다.

> 대통령은 국민의 보통·평등·직접·비밀선거에 의하여 선출한다.
> ―「헌법」제67조 제1항

> 국회는 국민의 보통·평등·직접·비밀선거에 의하여 선출된 국회의원으로 구성한다.
> ―「헌법」제41조 제1항

대통령과 국회의원뿐 아니라, 지방자치단체장과 지방의회 의원도 모두 국민이 직접 선출합니다. 국민투표, 청원권, 정보공개청구권, 국민참여재판제도 등도 주권 행사의 수단입니다.

2016년 박근혜 대통령 탄핵 과정을 떠올려보십시오. 국민이 광장에 모여 목소리를 냈고, 국회가 탄핵소추를 의결했으며, 헌법재판소가 이를 인용했습니다. '주권이 국민에게 있다'는 원리가 현실에서 작동한 대표적 사례였습니다.

그리고 2025년 4월, 윤석열 대통령 파면은 그 원리가 다시 한번 살아 있음을 보여준 사건이었습니다. 국민의 뜻이 거리에서, 그리고 법정에서 제도적 결론으로 이어졌습니다. 헌법 제1조가 단지 교과서 속 문장이 아니라, 오늘의 정치 현실 속에서도 국민의 권리와 의지를 지켜내는 힘임을 분명히 증명한 순간이었습니다.

국회의 결정도, 헌법재판소의 판단도 결국 국민의 권력 위임에서 비롯된 것입니다.

백 년을 이어온 선언

헌법 제1조의 정신은 이미 1919년, 나라 잃은 시대에 쓰인 문장 속에 담겨 있었습니다.

> 대한민국은 민주공화제로 함.
>
> ―「대한민국임시헌장」제1조

> 대한민국의 주권은 대한인민 전체에 있음.
>
> ―「대한민국임시헌법」제2조

1919년의 약속은 1948년 제헌헌법과 1987년 헌법 개정으로 이어졌습니다. "국민이 주인"이라는 선언은 백 년 동안 우리 사회를 지탱

● 백 년을 잇는 한 문장

연도	헌법 조문	설명
1919	"대한민국은 민주공화제로 함." "주권은 대한인민 전체에 있음."	나라의 형태와 주권의 주체를 최초로 선언
1948	"대한민국은 민주공화국이다. 주권은 국민에게 있다."	제도화된 국민주권 원리
1987	(현행 동일)	광장에서 다시 확인된 원칙, 헌법 제1조 유지

해 온 문장입니다.

오늘날 우리가 뉴스를 읽고, SNS에 글을 올리고, 거리에서 목소리를 내며, 투표에 참여하는 모든 순간. 그것은 헌법 제1조를 실천하는 행동입니다. 주권은 눈에 보이지 않지만, 우리 삶 곳곳에 살아 있는 힘입니다.

02 모든 국민은 평등하다

주권이 국민에게 있다면, 그 '국민' 중에 누군가는 더 특별하고, 누군가는 덜 중요한 존재일까요? 그렇지 않습니다. 주권자인 모든 국민은 동등한 존재입니다. 바로 이것이 '평등'의 출발점입니다.

헌법 제11조, 평등의 기준

모든 국민은 법 앞에 평등하다.
누구든지 성별·종교 또는 사회적 신분에 의하여 정치적·경제적·사회적·문화적 생활의 모든 영역에 있어서 차별을 받지 아니한다.

— 「헌법」 제11조 제1항

우리는 헌법을 말할 때 흔히 "모든 국민은 평등하다"는 문장을 떠올립니다. 그러나 이 말이 실제로 우리 삶에서 얼마나 실현되고 있는지를 돌아보면 여전히 간극이 큼을 알 수 있습니다.

그렇다면 평등은 단순한 선언일까요, 아니면 반드시 지켜져야 할 약속일까요?

헌법 제11조는 모든 국민이 법 앞에 평등하다는 원칙을 명확히 밝히고, 차별을 금지하는 기준을 제시합니다. 헌법의 근본 조항인 제10조는 그 책임이 누구에게 있는지를 분명히 말합니다.

> 국가는 개인이 가지는 불가침의 기본적 인권을 확인하고 이를 보장할 의무를 진다.
>
> ―「헌법」 제10조

즉, 평등은 선언이 아니라 약속이며, 그 약속을 지킬 의무는 국가에 있습니다.

● **실질적 평등을 위한 장치**

「양성평등기본법」 성차별 해소를 위한 법적 기반

「장애인차별금지법」 장애로 인한 차별 방지와 접근권 보장

「초·중등교육법」 모든 학생에게 평등한 교육 기회 보장

「국가균형발전정책」 지역 간 교육·복지 격차 완화 노력

또한 국가인권위원회는 직장, 학교, 공공기관 등에서 발생하는 차별 사건을 조사하고 시정을 권고합니다.

- 대기업에서 여성을 승진에서 배제한 사건을 성차별로 판단
- 대학에서 시각장애 학생의 수강 제한을 개선 조치
- 트랜스젠더 여성 공무원 승진 보류 사건에서 성차별 판단
- 청각장애인을 면접에서 배제한 병원에 시정 권고

법원 역시 평등 원칙을 중요한 판단 기준으로 삼습니다. 예컨대 혼인 외 출생자 차별 사건에서 헌법재판소는 헌법불합치 결정을 내렸습니다. 가족 형태나 출생 경로에 따른 차별은 헌법이 허용하지 않는다는 취지였습니다.

인간의 존엄에서 출발한 평등

평등은 헌법 제11조에만 머무르지 않습니다. '인간의 존엄'을 바탕으로 한 모든 기본권 해석의 중심 원리로 작동합니다. 단순히 똑같

은 출발선을 주는 것이 아니라, 불리한 조건에 놓인 이들을 더 두텁게 배려하는 '실질적 평등'의 원칙이 담겨 있습니다.

이 정신은 이미 백 년 전에도 선포되었습니다.

> 대한민국의 인민은 남녀귀천 및 빈부의 계급이 무하고 일체 평등함.
> ―「대한민국임시헌장」제3조

1919년, 여성 참정권조차 없던 시대에 '남녀평등'을 헌법에 담았다는 것은 놀라운 선언이었습니다. 그 정신은 1948년 제헌헌법으로 이어졌고, 오늘의 헌법 제11조에도 깊이 뿌리내리고 있습니다.

현실과 과제

오늘날에도 성별 임금 격차, 장애인 고용 부족, 지역·학벌에 따른 기회 불평등은 여전히 존재합니다. 그러나 헌법 제11조가 있기에 우리는 "차별은 잘못이다"라고 말하고 개선을 요구할 수 있습니다. 평등은 선언이 아니라 반드시 지켜져야 할 약속입니다.

평등은 완성된 상태가 아니라, 끊임없이 실현해 가야 할 과정입니다. 헌법은 그 방향을 비추는 기준이며, 우리가 서로의 존엄을 인정할 때 비로소 헌법 속 평등이 현실의 평등이 됩니다.

● 헌법 속 평등 vs 현실

헌법이 약속하는 평등	현실에서 마주하는 차별
성별에 관계없이 동등한 기회	여전한 성별 임금 격차 (여성이 남성의 약 70% 수준)
장애 여부와 상관없는 사회 참여	장애인 고용률 저조, 의무고용률 미달 기업 다수
출신 지역·학벌에 따른 차별 금지	출신 지역·학벌에 따른 취업 기회 차이
경제적 지위와 무관한 인간 존중	경제적 배경에 따른 교육·문화 기회 격차

03 다르게 말할 자유

평등한 주권자들이 모여 사는 사회. 그 사회가 건강하게 작동하려면 무엇이 필요할까요? 바로 서로 다른 생각을 자유롭게 표현할

● 헌법이 보장하는 자유, 어디까지일까?

헌법 조항	내용
제10조	인간으로서의 존엄과 가치, 행복추구권
제19조	양심의 자유
제20조	종교의 자유
제21조	언론·출판·집회·결사의 자유
제22조	학문과 예술의 자유
제23조	재산권 보장

수 있는 환경입니다. 모든 사람이 평등하다고 해서 같은 생각을 해야 하는 것은 아닙니다. 그리고 진정한 자유는 인간다운 삶을 보장하는 조건 위에서만 가능합니다.

다르게 말할 권리

가장 핵심적인 자유는 '표현의 자유'입니다. 사람은 말할 수 있어야 하고, 글로 생각을 전할 수 있어야 하며, 함께 모여 뜻을 밝힐 수 있어야 합니다.

> 모든 국민은 언론·출판의 자유와 집회·결사의 자유를 가진다.
> ―「헌법」제21조 제1항

'다르게 말할 권리'란 단순히 내가 하고 싶은 말을 할 자유만을 뜻하지 않습니다. 남들이 듣기 싫어하거나 불편해하는 말, 다수의 의견과는 다른 말도 할 수 있어야 비로소 진정한 자유가 보장됩니다. 그래야 사회가 건강하게 토론하고, 견제하며, 더 나은 방향으로 발전할 수 있기 때문입니다.

자유는 단순한 권리가 아니라, 서로 다르게 말할 수 있는 권리라는 점에서 민주주의의 토대가 됩니다.

제도를 통한 자유의 보장

자유가 늘 보장된 것은 아니었습니다. 유신 시절과 군사정권 시기에는 신문과 방송이 검열을 받았고, 시민이 자유롭게 말하기 어려웠습니다. 오늘날에도 정치나 사회 문제를 언급할 때 스스로 검열하는 경우가 있습니다.

지금 우리는 직장에서 부당한 지시를 거부하거나, SNS에서 사회 문제를 비판하거나, 학교에서 정책을 토론하는 순간마다 표현의 자유를 실천하고 있습니다. 그러나 때로는 그로 인해 불이익을 당하거나 따돌림을 겪기도 합니다.

헌법은 표현의 자유가 민주주의의 근간임을 분명히 하며, 이를 보장하기 위한 여러 제도를 마련했습니다.

- 「언론중재법」 잘못된 보도로 인한 피해 구제
- 「집회 및 시위에 관한 법률」 집회와 시위의 자유 보장
- 「출판문화산업 진흥법」 다양한 창작과 표현 지원

특히 헌법은 검열을 명확히 금지합니다.

언론·출판에 대한 허가나 검열과 집회·결사에 대한 허가는 인정되

지 아니한다.

— 「헌법」 제21조 제2항

국가는 표현을 미리 막을 수 없습니다. 자유롭게, 다르게 말할 수 있어야 민주주의가 제대로 작동합니다.

자유와 책임의 균형

표현의 자유는 양심과 종교의 자유와도 연결됩니다.

모든 국민은 양심의 자유를 가진다.

— 「헌법」 제19조

모든 국민은 종교의 자유를 가진다.

— 「헌법」 제20조 제1항

모든 국민은 인간으로서의 존엄과 가치를 가지며, 행복을 추구할 권리를 가진다.

— 「헌법」 제10조

즉, 어떤 생각을 가질지, 어떤 종교를 믿을지, 그것을 어떻게 표현할지는 인간의 정체성과 연결된 권리입니다.

그러나 자유는 무조건적이지 않습니다.

> 언론·출판은 타인의 명예나 권리 또는 공중도덕이나 사회윤리를 침해하여서는 아니된다.
>
> —「헌법」제21조 제4항

자유는 책임과 균형 속에서 지켜져야 오래갈 수 있습니다. 나의 자유가 타인의 권리를 해치면 안 되며, 다양한 의견을 존중할 때 내 자유도 더 안전하게 보장됩니다. 자유는 나 혼자 외치는 소리가 아니라, 서로 다르게 말하며 함께 살아가는 인간다운 삶의 조건입니다.

04 인간답게 살 권리

 자유롭게 말할 권리가 있다고 해서 모든 것이 해결되지는 않습니다. 배가 고픈데 표현의 자유가 무슨 소용이며, 집이 없는데 집회의 자유가 무슨 의미일까요? 진정한 자유를 누리려면 기본적인 삶의 조건이 먼저 갖춰져야 합니다. 그것이 바로 '인간답게 살 권리'입니다.

> 모든 국민은 인간다운 생활을 할 권리를 가진다.
> ―「헌법」제34조 제1항

 사람은 누구나 먹고, 입고, 쉬고, 아프면 치료받고, 배우고, 일할 수 있어야 합니다. 헌법은 이것을 바람이 아니라 국가가 보장해야 할 권리로 분명히 선언합니다. '인간다운 삶'은 생존의 최소한이 아니라 사람답게, 품위 있게 사는 조건을 뜻합니다. 이는 자유권·참정권과 함께 헌법의 세 기둥 중 하나인 사회권의 핵심입니다.

국가의 책무: 약속을 제도로

헌법 제34조는 권리 선언에서 멈추지 않고, 국가의 의무를 명확히 규정했습니다.

> 국가는 사회보장·사회복지의 증진에 노력할 의무를 진다.
> — 제34조 제2항

> 국가는 여자의 복지와 권익의 향상을 위하여 노력하여야 한다.
> — 제34조 제3항

> 국가는 노인과 청소년의 복지향상을 위한 정책을 실시할 의무를 진다.
> — 제34조 제4항

이 조항들은 선언이 아니라, 정책과 제도로 구현되어야 하는 실천 명령입니다.

- 국민기초생활보장 제도: 생계·의료·주거 등 급여를 통해 최저생활 보장
- 건강보험 보장성 강화: 필수 의료 접근성 확대와 치료비 부담 완화
- 지방자치 복지정책: 무상급식, 청년 주거·교통 지원 등 지역 맞춤형 안전망

이처럼 헌법의 정신은 예산·제도·서비스로 우리 일상에 녹아들어야 살아 있습니다.

● 헌법이 보장하는 '인간다운 삶'의 구조

권리(제34조 제1항) ↔ 국가의무(제34조 제2~6항) ↔ 기본가치(제10조)의
삼각 구조가 '인간다운 삶'을 지탱합니다.

구분	헌법 조항	핵심 내용
기본 가치	제10조	존엄과 가치, 행복추구권, 국가의 보장 의무
권리 선언	제34조 ①	"모든 국민은 인간다운 생활을 할 권리를 가진다"
국가 책무	제34조 ②~⑥항	사회보장·복지, 여성·노인·청소년·장애인 보호 등

권리와 책임의 균형

'인간답게 살 권리'가 개인의 노력을 면제한다는 뜻은 아닙니다. 헌법은 개인이 자신의 역량을 펼칠 수 있는 조건을 마련하라고 국가

에 요구합니다. 교육 기회가 열려 있어야 배우고, 일자리가 있어야 노동할 수 있으며, 보건과 돌봄이 있어야 자립이 지속됩니다.

그러나 개인의 노력만으로는 넘기 어려운 장벽이 있습니다. 태어난 집, 장애와 질병, 성별과 나이, 지역과 계층 때문에 기회에서 배제된다면, 그 장벽을 낮추는 것이 헌법이 국가에 부여한 공동의 책임입니다.

● 사람답게: 생활의 언어로 번역한 헌법

오늘 세 끼를 걱정하지 않는 것

아플 때 주저 없이 병원에 가는 것

비 오는 날 머리 위에 지붕이 있는 것

아이가 배우고 자랄 수 있는 것

늙어서도 존중받고 돌봄받는 것

이 평범한 문장들이 모여 헌법 제34조가 됩니다. 헌법은 액자 속 문구가 아니라 우리 삶의 울타리입니다. 인간답게 사는 일은 우리의 권리이자, 모두의 책임입니다.

05 오늘을 지탱하는 세 가지 약속

일할 수 있어야, 사람답게 산다

모든 국민은 근로의 권리를 가진다.
국가는 사회적·경제적 방법으로 근로자의 고용의 증진과 적정임금의 보장에 노력하여야 하며, 법률이 정하는 바에 의하여 최저임금제를 시행하여야 한다.

— 「헌법」 제32조 제1항

'일할 권리'는 단순히 일자리를 갖는 것을 뜻하지 않습니다. 정당하게 대우받고, 인간다운 조건에서 일할 수 있는 권리입니다.

「근로기준법」은 최저임금, 휴식 시간, 부당해고 금지 등의 기준을 두고 있습니다. 특히 '주 52시간제'는 일과 삶의 균형을 지키기 위한 제도입니다. 시행 과정에서 중소기업의 부담 등 논란도 있었지만, 과로를 줄이고 삶의 질을 높이려는 시도라는 점에서 헌법이 말하는 '인간다운 근로'의 원칙과 맞닿아 있습니다.

배울 수 있어야, 함께 설 수 있다

모든 국민은 능력에 따라 균등하게 교육을 받을 권리를 가진다.
— 「헌법」 제31조 제1항

교육은 단순한 학업이 아니라, 모두가 동등한 출발선에 설 수 있게 하는 도약대입니다. 무상교육 확대, 장애 학생 통합교육, 지역 균형발전 교육정책은 이 권리를 구체화한 사례입니다. 그러나 사교육비 부담, 수도권 집중 현상 등 여전히 해결해야 할 과제도 남아 있습니다. 그럼에도 이런 정책이 이어지는 이유는, 교육 기회의 평등이 헌법적 가치이기 때문입니다.

국가는 평생교육을 진흥하여야 한다.

―「헌법」제31조 제5항

이 조항은 '배움에는 나이가 없다'는 헌법의 정신을 담고 있습니다. 시민대학, 직업훈련, 평생교육 바우처 등 다양한 제도가 세대와 지역을 넘어 모두에게 열려 있습니다.

자유로운 경제, 그러나 공정해야 한다

대한민국의 경제질서는 개인과 기업의 경제상의 자유와 창의를 존중함을 기본으로 한다.

―「헌법」제119조 제1항

국가는 균형 있는 국민경제의 성장 및 안정과 적정한 소득의 분배를 유지하고, 시장의 지배와 경제력의 남용을 방지하며, 경제 주체 간의 조화를 통한 경제의 민주화를 위하여 경제에 관한 규제와 조정을 할 수 있다.

―「헌법」제119조 제2항

이른바 '경제민주화' 조항입니다. 개인과 기업의 자유와 창의를 존중하되, 독점과 불공정을 막아 균형을 이루는 원칙입니다. 이를 바탕으로 한 「공정거래법」은 시장 질서를 지키는 핵심 법률입니다.

그러나 대형마트나 온라인 플랫폼에 밀려난 소상공인, 권익 보호 사각지대에 놓인 플랫폼 노동자 문제는 여전히 새로운 과제입니다. 경제민주화는 완성된 목표가 아니라, 끊임없이 발전시켜야 할 헌법적 과제입니다.

권리는 당신의 오늘 속에 있다

권리는 제도나 법률 속에만 머물지 않습니다.

- 병원비를 걱정하지 않고 치료받을 수 있는가?
- 일터에서 부당한 대우를 거절할 수 있는가?
- 교육의 기회를 요구할 수 있는가?

이 모든 질문이 곧 헌법이 보장한 우리의 권리입니다. 권리를 아는 것도 중요하지만, 실제로 사용하는 것이 더 중요합니다.

● 헌법이 지켜주는 오늘의 권리

상황	헌법상 권리	조항
아파서 병원비가 걱정될 때	사회보장권	제34조
부당한 대우에 맞설 때	근로권	제32조
교육 기회를 요구할 때	교육권	제31조
시장 불공정에 대응할 때	경제민주화	제119조

4부
헌법의 실천

오늘 우리가 만드는
권리

광화문 광장에 모인 시민들, 헌법의 권리를 행동으로 말하다. ⓒ 연합뉴스

01 일상에서 만나는 헌법

지금까지 우리는 헌법이 보장하는 권리들을 살펴보았습니다. 주권, 평등, 자유, 인간다운 삶까지. 그런데 이 권리들이 법전 속에만 머물러 있다면 무슨 의미가 있을까요? 헌법이 진짜 힘을 발휘하는 순간은 그것이 우리의 일상에서 실제로 작동할 때입니다.

헌법은 먼 법전 속 추상적인 문장이 아닙니다. 학교 가는 길, 친구와 나누는 대화, 아르바이트 자리, 병원 앞 대기실…. 그 모든 곳에 헌법은 이미 조용히 자리를 지키고 있습니다. 다만 우리가 바쁘게 살다 보니 그 존재를 잊고 있을 뿐입니다. 헌법은 늘 곁에 있지만, 우리가 먼저 다가서지 않으면 말 걸지 않는 언어이기도 합니다.

● 이럴 때, 헌법이 나와 함께 있다

학교에서

"학생을 때리면 안 돼요" → 제12조 (신체의 자유)

"학생도 인간으로 존중받아야 해요" → 제10조 (인간의 존엄)

"모든 아이가 똑같이 밥을 먹어야 해요" → 제31조 (교육권)

직장에서

"일한 만큼 받아야 해요" → 제32조 (근로권)

"출산 후에도 돌아올 수 있어요" → 제36조 (모성 보호)

"함께 모여 목소리를 낼 수 있어요" → 제33조 (단결권)

병원에서

"치료비 걱정 없이 진료받을 수 있어요" → 제34조 (사회보장권)

"의사는 환자에게 충분히 설명해야 해요" → 제10조 (인격권)

"의료정보는 보호받아야 해요" → 제17조 (사생활의 비밀)

온라인에서

"자유롭게 말할 수 있지만 남을 해치면 안 돼요" →

제21조 (표현의 자유) + 제10조 (존엄)

"내 개인정보는 내가 지킬 수 있어요" → 제17조 (사생활의 비밀)

"공공정보를 청구할 수 있어요" → 제21조와 연결 (법률상 권리)

> **동네에서**

"평화롭게 모여 의견을 낼 수 있어요" → 제21조 (집회의 자유)

"우리 집이 헐릴지도 몰라요" → 제23조 (재산권)

"깨끗한 환경에서 살아야 해요" → 제35조 (환경권)

이런 순간들이 모두 헌법이 우리 삶에 스며든 자리입니다. 뉴스를 보며 걱정하거나, 아이의 학교를 떠올리거나, 진료비와 재개발 공고 앞에서 불안을 느낄 때. 그 모든 감정은 헌법의 문제이자, 권리의 언어입니다.

헌법은 제도를 움직이는 기준

억울한 행정처분을 받으면 국민신문고에 민원을 제기하거나, 행정심판·헌법소원을 청구할 수 있습니다. 이는 단순한 절차가 아니라, 헌법이 보장한 권리를 회복하는 과정입니다.

행정심판은 단순히 위법 여부를 따지는 데 그치지 않고, 평등권·재산권 침해 여부까지 함께 검토합니다. 주민참여예산제나 조례청구권은 "주민이 지역사회의 주인이다"라는 헌법 정신의 표현입니다. 국가인권위원회 진정, 복지서비스 신청도 모두 헌법에서 비롯된 제도들입니다.

헌법은 법정 안에서만 말해지는 언어가 아닙니다. 불편하다, 부당하다, 바뀌어야 한다고 느끼는 순간마다 이미 우리 곁에 있습니다. 작은 민원, 제도 개선, 정책 변화가 그 증거입니다.

이제 우리는 권리를 '아는 것'에서 나아가, 그것을 '내 삶에서 실감하는 일'로 확장해야 합니다.

02 권리를 실감하는 순간

헌법이 일상에 스며 있다는 사실만 아는 것으로는 충분하지 않습니다. 진짜 중요한 것은 그 권리를 '내 것'으로 느끼는 순간입니다.

생활 속 권리의 얼굴

초등학생 자녀가 학교에서 무상급식을 받을 때, 처음엔 그저 '편리하다'고 느낄 수 있습니다. 그러나 그 뒤에는 모든 아이가 차별 없이 밥을 먹을 수 있도록 하려는 헌법 제31조 교육권의 정신이 숨어 있습니다.

또 한 청년 노동자는 계약서에도 없는 업무를 장시간 강요받다가 거부하자 해고되었습니다. 지방노동위원회는 이를 '부당해고'로 인정하고 복직과 임금 보상을 명령했습니다. 이는 헌법 제32조 근로권이 현실에서 작동한 모습입니다.

공공기관에서 반복된 차별적 발언을 문제 삼아 국가인권위원회에 진정을 제기한 공무원의 사례도 있습니다. 인권위는 이를 인격권 침해와 조직 내 차별적 관행으로 판단하고, 시정 조치와 공식 사과를 권고했습니다. 바로 헌법 제10조 인간의 존엄과 제11조 평등권이 제도를 통해 구현된 장면입니다.

이처럼 권리는 '받는 것'이 아니라, '보장받을 수 있다'는 인식 속에서 실감됩니다.

작지만 분명한 변화들

국민신문고를 통해 행정 민원이 해결된 사례도 많습니다.

- 장애인 이동권: 국민신문고 민원을 통해 불합리한 대중교통 운영이 개선되고, 저상버스가 확대 배치됨.
- 기초생활보장: 1인 노인이 복지로를 통해 생계·주거급여를 신청하여 생활 안정을 회복함.
- 주민참여예산제: 동네 골목길에 보안등 설치.
- 무료법률구조공단: 상담과 소송 지원으로 분쟁 해결.

● 헌법이 실현된 순간들

사례	실현된 권리	조항
무상급식	평등한 교육권	제31조
청년 복직	정당하게 일할 권리	제32조
차별 시정	존엄과 평등권	제10·11조
저상버스 확대	이동의 자유	제14조
생계급여 지원	인간다운 생활권	제34조

이런 변화는 크지 않아 보여도, 헌법 속 권리가 일상에서 작고 분명한 실현으로 나타난 예입니다.

권리를 실감하는 시민이 늘어나면, 자연스럽게 "그다음에는 어떤 권리가 필요할까?"라는 질문이 뒤따릅니다. 그리고 바로 그 질문이 헌법을 다시 쓰게 하는 힘이 됩니다.

03 헌법을 다시 쓰는 시민들

 권리를 체감한 시민들은 더 이상 주어진 권리에만 머물지 않습니다. 그들은 새로운 권리를 묻고, 요구하며, 헌법의 문장을 스스로 넓혀 갑니다.

- 18세 선거권: 청소년과 시민단체의 지속적인 요구, 헌법재판소 판단, 국회의 법 개정이 맞물리며 실현됨.
- 낙태죄 헌법불합치 결정: 여성·법률단체의 문제 제기를 통해 자기결정권과 존엄의 권리가 인정됨.
- 기후위기 헌법소원: 어린이·청소년이 환경권(제35조)을 근거로 제기, 2025년 11월 현재 심리 중.

- **차별금지법 제정 요구**: 평등권(제11조)을 근거로 성소수자·장애인 등 다양한 시민이 참여 중.

이 모든 변화의 출발점은 시민의 질문과 목소리였습니다.

진행 중인 변화들

모든 요구가 곧바로 받아들여지는 것은 아닙니다. 동성혼 법제화, 사회복무제 개편, 집회 신고제 폐지 등은 여전히 사회적 논쟁 속에 있습니다. 하지만 이런 논의 자체가 헌법의 언어를 넓히고 깊게 만드는 과정입니다.

학교 현장도 예외는 아닙니다. 학생인권조례 제정, 청소년 참여예산제, 헌법교육 확대 등 새로운 움직임이 이어지고 있습니다. "왜 꼭 교복을 입어야 하죠?"라고 묻는 학생, "아이들에게 인간으로서의 존엄을 어떻게 가르칠까?" 고민하는 교사…. 그 순간에도 헌법이 살아 있습니다.

디지털 환경에서도 헌법의 언어는 새롭게 변하고 있습니다. 국민청원, 온라인 공론장, 정보접근권 보장 논의 등은 시민이 헌법을 '다시 쓰는' 새로운 경로입니다.

헌법은 더 이상 정해진 권리 목록이 아니라, 시민의 삶에서 끊임없

● 시민이 만든 헌법의 새로운 말들

이 해석되고 실현되는 말이 되고 있습니다.

하지만 시민의 목소리가 크지 않아도 괜찮습니다. 헌법은 작은 실천 속에서도 지켜지고 이어집니다. 작은 목소리 하나, 질문 하나가 다음 시대의 헌법을 써 내려가는 첫 문장이 됩니다.

04 작은 실천이 만드는
큰 변화

헌법을 지킨다고 해서 꼭 거대한 행동이 필요한 것은 아닙니다. 오히려 헌법은 작은 일상에서 살아 있습니다.

● 당신은 이미 헌법을 지키고 있었다

- 친구의 농담이 누군가에게 상처가 될 때 "그건 좀 아닌데"라고 말하는 순간 → 존엄과 평등의 실천
- 불공정한 뉴스를 보고 "이건 바뀌어야 해"라고 느끼는 순간
    → 표현의 자유와 알 권리의 실현
- 지하철에서 자리를 양보하는 순간 → 공동체 의식과 사회권의 존중
- 아이에게 "헌법에도 있어"라고 말해주는 순간

→ 교육권과 참여권의 확장

이런 감정과 행동은 모두 헌법적인 감각에서 비롯됩니다. 우리가 누군가의 권리를 알아보고, 그것을 지켜주고 싶어 하는 마음 자체가 헌법을 지키는 첫걸음입니다.

작은 실천, 구체적 사례

실제 사례를 살펴보면 이런 일들이 있습니다.

직장에서 동료가 부당한 대우를 받는 것을 보고 "그건 좀 아닌 것 같아요."라며 함께 문제를 제기한 일, 온라인에서 혐오 댓글을 보고 신고 버튼을 누른 일, 엘리베이터에서 휠체어 이용자를 위해 대신 층수를 눌러드린 일, 선거 때 후보자의 공약을 꼼꼼히 살펴보고 투표한 경험까지. 이 모든 것이 헌법을 지키는 행동입니다.

한 직장인은 임신한 동료가 야근을 강요받는 상황에서 "임신부는 야근이 제한됩니다."라고 말했습니다. 작은 용기였지만, 이는 헌법 제36조가 보장하는 모성 보호의 원칙을 지킨 사례였습니다. 또 한 고등학생은 특정 학생에게 차별적인 언행을 하는 교사 문제를 학급 친구들과 함께 제기했고, 학교는 결국 개선 조치를 취했습니다. 이 역시 헌법 제10조가 보장하는 인격권을 지킨 순간이었습니다.

헌법을 지킨다는 것은, 누군가의 권리를 '대신 말해주는 일'일 수도 있지만, 더 근본적으로는 '함께 살아가는 방식을 바꾸는 일'입니다. 우리가 일상에서 서로의 존엄을 지켜주는 순간, 법전에 적힌 문장은 현실의 언어로 바뀝니다. 헌법은 그렇게 사람 사이를 건너며 살아갑니다.

● 헌법, 우리 마음속의 메모

| 서로 존중하기 | 다름을 틀림으로 보지 않기 | 불의에는 침묵하지 않기 | '왜?'라고 말해 보기 |

질문이 세상을 바꾼다

개인의 작은 실천이 정말 의미가 있을까요? 역사는 그 답을 보여줍니다. 1987년 6월 항쟁은 한 사람 한 사람의 발걸음에서 시작되었고, 미투 운동은 용기 있는 한 증언에서 출발했습니다. 최근에는 온라인 청원과 SNS를 통해 작은 목소리들이 큰 변화를 만들어내고 있습니다.

민주주의는 거대한 구호보다 작은 결심들로 이어집니다. 헌법은 국민이 쓰는 법이기에, 국민이 행동할 때마다 새로 써 내려가는 법이기도 합니다. 헌법을 읽는 시민은 '지식 있는 사람'이 아니라 '함께 사는 방법을 아는 사람'입니다.

헌법을 지키는 시민은 완벽하거나 모범적일 필요가 없습니다. 다만 가끔 멈춰 서서 질문할 줄 알면 됩니다.

"이건 너무 당연한 거 아냐?"
"왜 이건 안 되는 거지?"

이런 단순하지만 강한 질문들이 헌법을 움직이는 힘이 됩니다.

그리고 아주 가끔, 헌법 이야기를 꺼낼 작은 용기를 내는 것도 중요합니다. 친구와 커피를 마시다가, 뉴스를 보다가, 아이와 산책하다가 "그건 헌법에도 나와 있어"라고 말해볼 수 있는 사람. 그렇게 헌법은 법률 문장이 아니라, 사람과 사람을 잇는 언어가 됩니다.

헌법은 결국, 말해지는 순간 살아납니다. 우리가 묻고, 말하고, 행동할 때 비로소 그 문장은 현실이 됩니다. 지금 이 글을 읽는 당신의 하루에도 이미 헌법은 함께 있습니다. 그것이 바로 '헌법을 지키는 일상의 힘'입니다.

우리는 헌법을 직접 써본 적은 없지만, 누군가의 권리를 바라보고

● 나는 헌법을 지키는 시민일까?

☐ 차별적 발언에 "그건 좀 아닌데"라고 말해본 적 있다.

☐ 온라인 혐오 표현이나 가짜뉴스를 신고하거나 반박했다.

☐ 교통약자를 위해 자리를 양보하거나 도움을 준 적 있다.

☐ 선거 때 공약을 살펴보고 투표했다.

☐ 직장이나 학교에서 부당한 일을 목격했을 때 침묵하지 않았다.

☐ 아이들이나 후배들의 의견을 존중하고 들어주었다.

☐ 소수 의견이라도 경청하려 했다.

☐ 환경 문제나 지역 현안에 목소리를 냈다.

☐ 어려운 상황의 사람을 도왔다.

☐ 사회 문제에 대해 가족·친구와 대화를 나눴다.

7개 이상: 이미 훌륭한 헌법 수호자입니다.
4~6개: 일상에서 헌법 정신을 잘 실천하고 계십니다.
1~3개: 작은 관심에서 시작해 보세요.
0개: 괜찮습니다. 지금부터 시작하면 됩니다.

지켜본 경험은 분명히 있습니다. 그 '지켜봄'이야말로 오늘을 살아가는 시민의 방식이며, 헌법을 살아 있는 문장으로 만드는 힘입니다.

작은 관심이 작은 행동이 되고, 그 행동이 사회를 바꿉니다. 당신의 오늘이 헌법을 살아 있는 문장으로 만듭니다.

5부
헌법 직접 읽기

오늘 우리가 만드는
권리

1919

憲 法 (草案)

因会
憲法起草委員會에서 趙憲泳議員이 가지고 쓰던 草案

趙芝薰 敎授로부터 借用

대한민국 최초의 헌법이 이 초안에서 시작되었다. ⓒ 한국사데이터베이스(국사편찬위원회)

01 1919년 「대한민국임시헌장」
평등을 말한 첫 문장

1919년 3월, 전국은 "대한독립 만세"의 외침으로 들끓었지만, 국토는 여전히 일본 제국의 지배 아래 있었고, 나라를 세운 정부도 군대도 없었습니다.

이때 독립운동가들은 상하이에 모여 임시정부를 세우고, 그 기초를 가장 먼저 '헌법'으로 다듬었습니다. 그 결과 탄생한 문서가 바로 「대한민국임시헌장」입니다.

1919년 4월 11일, 임시의정원이 채택한 이 헌장은 대한민국이 '민주공화제'임을 선언했습니다. 왕도, 총독부도 아닌, 국민이 주인인 나라를 세우겠다는 다짐이었습니다.

특히 제3조는 이렇게 규정합니다.

"대한민국의 인민은 남녀, 귀천, 빈부의 계급이 무하고 일체 평등함."

여성에게 참정권조차 없던 시대에, 성별과 신분, 재산의 차이를 넘어 '모든 사람이 평등하다'고 명시한 것은 매우 선구적인 선언이었습니다. 이 밖에도 언론·출판·집회·결사의 자유, 선거권, 교육·납세·병역의 의무 등 오늘날 헌법의 기본 요소들이 이미 담겨 있었습니다.

「대한민국임시헌장」은 단순한 독립 선언을 넘어, "어떤 나라를 만들 것인가"라는 물음에 대한 첫 헌법적 약속이었습니다.

대한민국임시헌장

[시행 1919. 4. 11.] [임시정부법령 제1호, 1919. 4. 11., 제정]

제0조

신인일치로 중외협응하야 한성에 기의한 지 삼십유일에 평화적 독립을 삼백여주에 광복하고 국민의 신임으로 완전히 다시 조직한 임시정부는 항구완전한 자주독립의 복리로 아자손려민에 세전키 위하여 임시의정원의 결의로 임시헌장을 선포하노라.

제1조

대한민국은 민주공화제로 함.

제2조

대한민국은 임시정부가 임시의정원의 결의에 의하야 차를 통치함.

제3조

대한민국의 인민은 남녀귀천 급 빈부의 계급이 무하고 일체 평등임.

제4조

대한민국의 인민은 신교·언론·저작·출판·결사·집회·신서·주소·이전·신체 급 소유의 자유를 향유함.

제0조

하늘과 사람이 뜻을 합하고, 국내외가 협력하여, 한성에서 궐기한 지 31일 만에 전국(三百餘州)을 평화롭게 되찾았다. 국민의 신임으로 새로 조직된 임시정부는 항구적이고 완전한 자주독립의 복리(福利)를 우리 자손과 국민 모두에게 전하기 위하여, 임시의정원의 결의로 이 임시헌장을 선포한다.

제1조

대한민국은 왕이 아닌, 국민이 주인인 민주공화국이다.

제2조

대한민국은 임시정부가 임시의정원의 결의에 따라 통치한다.

제3조

대한민국 국민은 성별·신분·재산에 관계없이 모두 평등하다.

제4조

대한민국 국민은 종교·언론·출판·집회·결사의 자유, 거주와 이동의 자유, 신체의 자유와 재산의 자유를 가진다.

제5조

대한민국의 인민으로 공민 자격이 유한 자는 선거권 급 피선거권이 유함.

제6조

대한민국의 인민은 교육 납세 급 병역의 의무가 유함.

제7조

대한민국은 신의 의사에 의하야 건국한 정신을 세계에 발휘하며 진하야 인류의 문화 급 평화에 공헌하기 위하야 국제연맹에 가입함.

제8조

대한민국은 구황실을 우대함.

제9조

생명형 신체형 급 공창제를 전폐함.

제10조

임시정부는 국토회복 후 만일개년 내에 국회를 소집함.

제5조

대한민국 국민은 대표를 뽑을 권리와 선출될 권리를 가진다.

제6조

대한민국 국민은 배우고, 세금을 내며, 나라를 지킬 의무를 진다.

제7조

대한민국은 신의 뜻에 따라 세워진 나라로서, 세계 평화와 인류 문화에 이바지하기 위해 국제연맹에 가입한다.

제8조

대한민국은 옛 황실을 예우한다.

제9조

사형·태형(신체형)과 공창제(공인된 성매매 제도)를 폐지한다.

제10조

임시정부는 국토를 되찾은 뒤 1년 안에 국회를 소집한다.

선서문

존경하고 열애하는 아 이천만 동포 국민이여!

민국 원년 삼월일일 아 대한민족이 독립을 선언함으로부터 남과 여와 노와 소와 모든 계급과 모든 종파를 물론하고 일치코 단결하야 동양의 독일인 일본의 비인도적 폭행하에 극히 공명하게 극히 인욕하게 아 민족의 독립과 자유를 갈망하는 사와 정의와 인도를 애호하는 국민성을 표현한지라 금에 세계의 동정이 흡연히 아 집중하였도다. 차시를 당하야 본정부가 전국민의 위임을 수하야 조직되었나니 본정부가 전국민으로 더불어 전심코 육력하야 임시헌법과 국제도덕의 명하는 바를 준수하야 국토광복과 방기확고의 대사명을 과하기를 자에 선언하노라.

동포 국민이여 분기할지어다. 우리의 유하는 일적의 혈이 자손만대의 자유와 복락의 가이요, 신의 국의 건설의 귀한 기초이니라. 우리의 인도가 마침내 일본의 야만을 교화할지요. 우리의 정의가 마침내 일본의 폭력을 승할지니 동포여 기하야 최후의 일인까지 투할지어다.

존경하고 사랑하는 2천만 동포 국민 여러분!

민국 원년(1919년) 3월 1일, 대한 민족이 독립을 선언한 그날부터 우리는 남자와 여자, 노인과 어린이, 모든 계급과 모든 종파를 막론하고 하나로 단결하여 동양의 독일이라 불리던 일본의 비인도적 폭력 아래에서도 극히 정당하고, 극히 인내심 있게 우리 민족의 독립과 자유를 열망해 왔습니다. 우리는 정의와 인도를 사랑하는 국민 정신을 온 세계 앞에 보여주었고, 이로 인해 세계의 동정이 뜨겁게 집중되었습니다. 이러한 때를 맞이하여, 이 임시정부는 전국민의 위임을 받아 조직되었습니다. 본 정부는 전국민과 함께 온 마음과 힘을 다하여 임시헌법과 국제도덕이 명하는 바를 지키며, 국토를 회복하고 방위 태세를 굳건히 하는 큰 사명을 다할 것을 여기서 선언합니다.

동포 국민 여러분, 분기(奮起)할 때입니다. 우리가 흘리는 피 한 방울 한 방울은 우리 자손만대의 자유와 행복의 기반이 될 것입니다. 이는 정의롭고 새로운 나라를 세우는 귀한 기초가 될 것입니다. 우리의 인도(人道)는 마침내 일본의 야만을 교화할 것이고, 우리의 정의는 마침내 일본의 폭력을 이길 것입니다. 동포여, 일어나십시오. 최후의 한 사람까지 투쟁합시다.

정강(政綱, 조직법)

1. 민족평등·국가평등 급 인류평등의 대의를 선전함.

2. 외국인의 생명재산을 보호함.

3. 일체 정치범인을 특사함.

4. 외국에 대한 권리 의무는 민국정부와 체결하는 조약에 일의함.

5. 절대독립을 서도함.

6. 임시정부의 법령을 위월(違越)하는 자는 적으로 인함.

1. 우리는 민족 간의 평등, 나라 간의 평등, 인간 전체의 평등이라는 큰 뜻을 널리 알린다.

2. 우리나라에 거주하거나 관계 있는 외국인의 생명과 재산을 보호한다.

3. 모든 정치범을 특별 사면한다.

4. 외국과의 관계에서 생기는 권리와 의무는 대한민국 임시정부가 체결한 조약에 따른다.

5. 우리는 타협 없는 완전한 독립을 끝까지 추구한다.

6. 임시정부의 법령을 어기고 넘보는 자는 나라의 적으로 간주한다.

02 1919년 「대한민국임시헌법」
권력의 틀을 세운, 최초의 헌법

「대한민국임시헌장」이 독립의 뜻과 평등·자유의 정신을 밝힌 약속이라면, 같은 해 9월에 제정된 「대한민국임시헌법」은 그 약속을 제도와 권력 구조로 구체화한 문서였습니다.

임시헌법은 대한민국을 민주공화국으로 규정하고, 주권이 국민 전체에 있음을 다시 확인했습니다. 동시에 권력이 한곳에 집중되지 않도록 입법·행정·사법의 분립을 분명히 했습니다.

- 입법권은 의정원이, 행정권은 국무원이, 사법권은 법원이 행사한다.
- 임시대통령은 국가를 대표하되, 의정원의 선출과 동의로 통치가 이루어진다.

또한 국민의 권리와 의무를 폭넓게 담았습니다.

선거권과 피선거권, 언론·출판·집회·결사의 자유, 종교의 자유, 거주·이전의 자유, 서신의 비밀을 조문으로 명시했고, 교육·납세·병역의 의무도 함께 규정했습니다. 이는 단순한 독립운동 조직의 규칙이 아니라, 근대적 헌정 국가의 틀을 세운 대한민국의 첫 헌법이었습니다.

이 임시헌법은 1948년 제헌헌법으로 이어지는 법통의 뿌리가 되었고, 오늘의 헌법이 지닌 '민주공화국·주권재민·삼권분립'의 원칙은 이미 이때 시작되었습니다.

이제, 그 문장을 직접 읽어보겠습니다.

「대한민국임시헌법」

[시행 1919. 9. 11.] [임시정부법령 제2호, 1919. 9. 11., 폐지제정]

    아 대한인민은 아 국이 독립국임과 아 민족이 자유민임을 선언하였도다. 차로써 세계만방에 고하야 인류평등의 대의를 극명하였으며 차로써 자손만대에 고하야 민족자존의 정권을 영유케 하였도다.

    반만년 역사의 권위를 대하야 2천만 민중의 성충을 합하야 민족의 항구여일한 자유 발전을 위하야 조직된 대한민국의 인민을 대표한 임시의정원은 민의를 체하야 원년 4월 11일에 발포한 10개조의 임시헌장을 기본 삼아 본 임시헌법을 제정하야써 공리를 창명하여 공익을 증진하며 국방 급 내치를 주비하며 정부의 기초를 견고하는 보장이 되게 하노라.

우리 대한 인민은 우리나라가 독립된 국가이며, 우리 민족이 자유로운 국민임을 선언한다. 이로써 세계 모든 나라에 인류 평등의 대의를 뚜렷하게 알리고, 이로써 자손만대에 민족의 자존과 정당한 권리를 이어가게 한다.

오천 년에 이르는 역사적 권위를 바탕으로, 이천만 민중의 정성과 충심을 하나로 모아, 민족의 항구하고도 변함없는 자유로운 발전을 이루기 위해 조직된 대한민국의 인민을 대표하여, 임시의정원은 국민의 뜻을 받들어 1919년 4월 11일에 공포한 10개 조의 「대한민국임시헌장」을 바탕으로 이 「대한민국임시헌법」을 제정한다. 이 헌법을 통해 공공의 이치를 분명히 밝히고, 국민 전체의 복리를 증진하며, 국방과 내정을 함께 준비하여, 대한민국 정부의 기초를 굳건히 세우는 보장으로 삼고자 한다.

제1장 강령

제1조 대한민국은 대한인민으로 조직함.

제2조 대한민국의 주권은 대한인민 전체에 있음.

제3조 대한민국의 강토는 구한제국의 판도로 정함.

제4조 대한민국의 인민은 일체 평등함.

제5조 대한민국의 입법권은 의정원이, 행정권은 국무원이, 사법권은 법원이 행사함.

제6조 대한민국의 주권 행사는 헌법 범위 내에서 임시대통령에게 위임함.

제7조 대한민국은 구황실을 우대함.

제2장 인민의 권리와 의무

제8조 대한민국의 인민은 법률 범위 내에서 아래 각 항의 자유가 있음.

   1. 신교의 자유

   2. 재산의 보유와 영업의 자유

   3. 언론·저작출판·집회·결사의 자유

   4. 서신 비밀의 자유

   5. 거주·이전의 자유

제9조 대한민국의 인민은 법률에 의하여 아래 각 항의 권리가 있음.

1. 법률에 의하지 아니하면 체포 감금 신문 처벌을 받지 아니하는 권리
2. 법률에 의하지 아니하면 가택의 침입 또는 수색을 받지 아니하는 권리
3. 선거권 및 피선거권
4. 입법부에 청원하는 권리
5. 법원에 소송하여 그 재판을 받는 권리
6. 행정관서에 소원하는 권리
7. 문무관에 임명되는 권리 또는 공무에 취하는 권리

제10조 대한민국의 인민은 법률에 의하여 아래 각 항의 의무가 있음.

1. 납세의 의무
2. 병역에 복무하는 의무
3. 보통교육을 받는 의무

제3장 임시대통령

제11조 임시대통령은 국가를 대표하고 정무를 총람하며 법률을 공포함.

제12조 임시대통령은 임시의정원에서 기명단기식 투표로 선거하되 투표총수의 3분의 2 이상을 득한 자로 당선케 함. 단, 2회 투표에도 결정치 못할 시는 3회 투표에는 다수를 득한 자로 당선케 함.

제13조 임시대통령의 자격은 대한인민으로 공권상 제한이 없고 연령 만

40세 이상 된 자로 함.

제14조 임시대통령은 취임할 시에 임시의정원에서 아래와 같이 선서해야 함.

「나는 일반 인민 앞에서 성실한 심력으로 대한민국 임시대통령의 의무를 이행하여 민국의 독립 및 내치 외교를 완성하여 국리민복을 증진케 하며 헌법과 법률을 준수하고 또한 인민으로 하여금 준수케 하기를 선서하나이다.」

제15조 임시대통령의 직권은 아래와 같음.

1. 법률의 위임에 기하거나 혹은 법률을 집행하기 위하여 명령 발포 또는 발포케 함.
2. 육해군을 통솔함.
3. 관제 관규를 제정하되 임시의정원의 결의를 얻어야 함.
4. 문무관을 임명함. 단, 국무원과 주외 대사 공사를 임명함에는 임시의정원의 동의를 얻어야 함.
5. 임시의정원의 동의를 거쳐 개전 강화를 선고하고 조약을 체결함.
6. 법률에 의하여 계엄을 선고함.
7. 임시의정원 의회를 소집함.
8. 외국의 대사와 공사를 접수함.
9. 법률안을 임시의정원에 제출함.
10. 긴급필요가 있는 경우에 임시의정원이 폐회된 시는 국무회의의 동의를 얻어 법률에 대한 명령을 발하되 차기 의회에 승낙을 얻

어야 함. 단, 승낙을 얻지 못할 시는 장래에 향하여 그 효력을 잃음을 공포함.
11. 중대한 사건에 관하여 인민의 의견서를 수합함.
12. 대사, 특사, 감형, 복권을 선고함. 단, 대사는 임시의정원의 동의를 얻어야 함.

제16조 임시대통령은 임시의정원의 승낙 없이 국경을 떠나면 안 됨.

제17조 임시대통령이 유고한 시는 국무총리가 대신하고 국무총리가 유고한 시는 임시의정원에서 임시대통령 대리 1인을 선거하여 대리케 함.

제4장 임시의정원

제18조 임시의정원은 제19조에 규정한 의원으로 조직함.

제19조 임시의정원 의원의 자격은 대한민국 인민으로 중등교육을 받은 만 23세 이상 된 자로 함.

제20조 임시의정원 의원은 경기·충청·경상·전라·함경·평안 각 도 및 중국 내 교민·러시아 내 교민에서 각 6인, 강원·황해 각 도 및 미주 교민에서 각 3인을 선거함. 전항에 관한 임시 선거방법은 내무부령으로 정함.

제21조 임시의정원의 직권은 아래와 같음.
1. 일체 법률안을 의결함.

2. 임시정부의 예산결산을 의결함.

3. 전국의 조세 화폐제도 및 도량형의 준칙을 의정함.

4. 공채모집과 국고부담에 관한 사항을 의결함.

5. 임시대통령을 선거함.

6. 국무원 및 주외 대사 공사 임명에 동의함.

7. 선전강화와 조약체결에 동의함.

8. 임시정부의 자문사건에 회답함.

9. 인민의 청원을 수리함.

10. 법률안을 제출함.

11. 법률 기타 사건에 관한 의견을 임시정부에 건의할 수 있음.

12. 질문서를 국무원에게 제출하여 출석답변을 요구할 수 있음.

13. 임시정부에 자청하여, 관리의 수뢰와 기타 위법한 사건을 사판할 수 있음.

14. 임시대통령이 위법 또는 범죄행위가 있음이 인정될 시는 총원 5분의 4 이상의 출석, 출석원 4분의 3 이상의 가결로 탄핵 또는 심판할 수 있음.

15. 국무원이 실직 혹 위법이 있음이 인정될 시는 총원 4분의 3 이상의 출석, 출석원 3분의 2 이상의 가결로 탄핵할 수 있음.

제22조 임시의정원은 매년 2월에 임시대통령이 소집함. 필요가 있을 시에 임시 소집할 수 있음.

제23조 임시의정원의 회기는 1개월로 정하되 필요가 있을 시는 원의 결

의 혹은 임시대통령의 요구에 의하여 신축할 수 있음.

제24조 임시의정원의 의사는 출석원 과반수로 결정하되 가부동수될 시는 의장이 결정함.

제25조 임시의정원의 회의는 공개하되 원의 결의 또는 정부의 요구에 의하여 비밀히 할 수 있음.

제26조 임시의정원이 의결한 법률 기타 사건은 임시대통령이 공포 또는 시행함. 법률은 전달 후 15일 이내로 공포해야 함.

제27조 임시의정원이 의결한 법률 기타 사건을 임시대통령이 불가함을 인정할 시는 전달 후 10일 이내에 이유를 성명하여 재의를 요구하되 그 재의 사항에 대하여 출석원 4분의 3 이상이 전의를 고집할 시는 제26조에 의함.

제28조 임시의정원 의장, 부의장은 기명단수식 투표로 의원이 호선하여 투표 총수의 과반을 얻은 자로 당선케 함.

제29조 임시의정원은 총의원 반수 이상이 출석치 아니하면 개회할 수 없음.

제30조 부결된 의안은 동 회기에 재차 제출할 수 없음.

제31조 임시의정원 의원은 원내의 발언 및 표결에 관하여 원외에서 책임을 지지 아니함. 단, 의원이 그 발언을 연설·인쇄·필기 기타 방법으로 공개할 시는 일반법률에 의하여 처분함.

제32조 임시의정원 의원은 내우외환의 범죄나 혹 현행범이 아니면 회기 중에 원의 허락 없이 체포할 수 없음.

제33조 임시의정원은 헌법 및 기타 법률에 규정한 외에 내부에 관한 제

반규칙을 스스로 정할 수 있음.

제34조 임시의정원은 완전한 국회가 성립되는 날에 해산하고 그 직권은 국회가 행함.

제5장 국무원

제35조 국무원은 국무원으로 조직하여 행정사무 일체를 처리하고 그 책임을 짐.

제36조 국무원에서 의정할 사항은 아래와 같음.

　1. 법률, 명령, 관제, 관규에 관한 사항

　2. 예산, 결산 또는 예산외 지출에 관한 사항

　3. 군사에 관한 사항

　4. 조약과 선전 강화에 관한 사항

　5. 고급관리 진퇴에 관한 사항

　6. 각 부 권한쟁의 및 책임불명에 관한 사항

　7. 국무회의를 거쳐야 하는 사항

제37조 국무총리와 각 부 총장과 노동국 총판을 국무원이라 칭하며 임시 대통령을 보좌하며 법률 및 명령에 의하여 주관 행정사무를 집행함.

제38조 행정사무는 내무·외무·군무·법무·학무·재무·교통의 각 부와 노동국을 두어 각기 분장함.

제39조 국무원은 임시대통령이 법률안을 제출하거나 법률을 공포하거나 혹은 명령을 발표할 시에 반드시 부서함.

제40조 국무원 및 정부위원은 임시의정원에 출석하여 발언할 수 있음.

제41조 국무원이 제21조 제15항의 경우에 해당할 시는 임시대통령이 면직하되 임시의정원에 1차 재의를 청구할 수 있음.

제6장 법원

제42조 법원은 사법관(판사)으로 조직함.

제43조 법원의 편제 및 사법관의 자격은 법률로써 정함.

제44조 법원은 법률에 의하여 민사소송 및 형사소송을 재판함. 행정소송과 기타 특별소송은 법률로써 정함.

제45조 사법관은 독립하여 재판을 행하고 상급관청의 간섭을 받지 아니함.

제46조 사법관은 형법의 선고 또는 징계의 처분에 의하지 아니하면 면직할 수 없음.

제47조 법원의 재판은 공개하되 안녕질서 또는 선량풍속에 방해가 있다 할 시는 공개치 아니할 수 있음.

제7장 재정

제48조 조세를 새로 부과하거나 세율을 변경할 시는 법률로써 정함.

제49조 현행의 조세는 경히 법률로써 개정한 자 외에는 구례에 의하여 징수함.

제50조 임시정부의 세입세출은 매년 예산을 임시의정원에 제출하여 의결해야 함.

제51조 예산항목에 초과하거나 예산외의 지출이 있을 시는 차기 임시의정원의 승인을 얻어야 함.

제52조 공공안전을 유지하기 위하여 긴급수용이 있는 경우에 임시의정원을 소집키 불능한 시는 임시정부는 재정상 필요의 처분을 행하고 제51조에 의함.

제53조 결산은 회계검사원이 검사확정한 후 임시정부의 그 검사보고와 공히 임시의정원에 제출하여 승인을 얻어야 함.

제54조 회계검사원의 조직 및 직권은 법률로써 정함.

제8장 보칙

제55조 본 임시헌법을 시행하여 국토회복 후 일 년 내에 임시대통령이 국회를 소집하되 그 국회의 조직 및 선거방법은 임시의정원이 정함.

제56조 대한민국헌법은 국회에서 제정하되 헌법이 시행되기 전에는 본 임시헌법이 헌법과 동일한 효력을 발함.

제57조 본 임시헌법은 임시의정원 의원의 3분의 2 이상이나 혹 임시대통령의 제의로 총원 5분의 4 이상의 출석과 출석원 4분의 3 이상의 가결로 개정할 수 있음.

제58조 본 임시헌법은 공포일로부터 시행하고 원년 4월 11일에 공포한 대한민국임시헌장은 본 임시헌법의 시행일로 폐지함.

03 1948년 「제헌헌법」
국가라는 이름으로 쓰인 헌법

1948년 7월 17일, 대한민국은 첫 번째 헌법, 「제헌헌법」을 제정했습니다. 이 헌법은 "3·1운동으로 세워진 대한민국임시정부의 법통을 계승한다"고 밝히며, 임시헌장과 임시헌법의 정신을 국가의 제도와 원리로 정착시켰습니다.

「제헌헌법」은 대한민국이 민주공화국임을 다시 선언하고, 국민주권과 삼권분립의 원칙을 명확히 규정했습니다. 대통령은 국회에서 간접선거로 선출되었으며, 국무총리·국무위원과 함께 국정을 운영하도록 했습니다. 국회는 단원제로 구성되었고, 법원은 사법의 독립을 보장받았습니다.

권리의 장에서도 중요한 변화가 있었습니다. 사상·종교·양심·언론·집회의 자유, 교육받을 권리, 근로의 권리, 재산권과 주거의 자유가 명문화되었고, "모든 국민은 인간으로서의 존엄과 가치를 가지며 행복을 추구할 권리를 가진다"는 조항은 이후 헌법 해석의 핵심 기준이 되었습니다. 또한 교육·근로·납세·국방의 의무를 함께 두어, 권리와 책임이 조화를 이루는 헌법적 질서를 세웠습니다.

「제헌헌법」은 단순한 법률 정비를 넘어, 식민지의 상처와 분단의 현실 속에서 '대한민국'이라는 국가가 어떤 원칙 위에 설 것인가를 밝힌 선언이었습니다.

임시정부의 헌법이 '나라 없는 시대의 약속'이었다면, 제헌헌법은 '국가의 이름으로 쓰인 첫 문장'이었습니다.

대한민국헌법(제헌헌법)

[시행 1948. 7. 17.] [헌법 제1호, 1948. 7. 17., 제정]

전문

유구한 역사와 전통에 빛나는 우리들 대한국민은 기미 삼일운동으로 대한민국을 건립하여 세계에 선포한 위대한 독립정신을 계승하여 이제 민주독립국가를 재건함에 있어서 정의인도와 동포애로써 민족의 단결을 공고히 하며 모든 사회적 폐습을 타파하고 민주주의 제 제도를 수립하여 정치, 경제, 사회, 문화의 모든 영역에 있어서 각인의 기회를 균등히 하고 능력을 최고도로 발휘케 하며 각인의 책임과 의무를 완수케 하여 안으로는 국민생활의 균등한 향상을 기하고 밖으로는 항구적인 국제평화의 유지에 노력하여 우리들과 우리들의 자손의 안전과 자유와 행복을 영원히 확보할 것을 결의하고 우리들의 정당하고 자유로이 선거된 대표로서 구성된 국회에서 단기 4281년 7월 12일 이 헌법을 제정한다.

제1장 총강

제1조 대한민국은 민주공화국이다.

제2조 대한민국의 주권은 국민에게 있고 모든 권력은 국민으로부터 나온다.

제3조 대한민국의 국민 되는 요건은 법률로써 정한다.

제4조 대한민국의 영토는 한반도와 그 부속도서로 한다.

제5조 대한민국은 정치, 경제, 사회, 문화의 모든 영역에 있어서 각인의 자유, 평등과 창의를 존중하고 보장하며 공공복리의 향상을 위하여 이를 보호하고 조정하는 의무를 진다.

제6조 대한민국은 모든 침략적인 전쟁을 부인한다.

　국군은 국토방위의 신성한 의무를 수행함을 사명으로 한다.

제7조 비준공포된 국제조약과 일반적으로 승인된 국제법규는 국내법과 동일한 효력을 가진다.

　외국인의 법적지위는 국제법과 국제조약의 범위 내에서 보장된다.

제2장 국민의 권리의무

제8조 모든 국민은 법률 앞에 평등이며 성별, 신앙 또는 사회적 신분에 의하여 정치적, 경제적, 사회적 생활의 모든 영역에 있어서 차별을 받

지 아니한다.

사회적 특수계급의 제도는 일체 인정되지 아니하며 여하한 형태로도 이를 창설하지 못한다.

훈장과 기타 영전의 수여는 오로지 그 받은 자의 영예에 한한 것이며 여하한 특권도 창설되지 아니한다.

제9조 모든 국민은 신체의 자유를 가진다. 법률에 의하지 아니하고는 체포, 구금, 수색, 심문, 처벌과 강제노역을 받지 아니한다.

체포, 구금, 수색에는 법관의 영장이 있어야 한다. 단, 범죄의 현행 범인의 도피 또는 증거인멸의 염려가 있을 때에는 수사기관은 법률의 정하는 바에 의하여 사후에 영장의 교부를 청구할 수 있다.

누구든지 체포, 구금을 받은 때에는 즉시 변호인의 조력을 받을 권리와 그 당부의 심사를 법원에 청구할 권리가 보장된다.

제10조 모든 국민은 법률에 의하지 아니하고는 거주와 이전의 자유를 제한받지 아니하며 주거의 침입 또는 수색을 받지 아니한다.

제11조 모든 국민은 법률에 의하지 아니하고는 통신의 비밀을 침해받지 아니한다.

제12조 모든 국민은 신앙과 양심의 자유를 가진다.

국교는 존재하지 아니하며 종교는 정치로부터 분리된다.

제13조 모든 국민은 법률에 의하지 아니하고는 언론, 출판, 집회, 결사의 자유를 제한받지 아니한다.

제14조 모든 국민은 학문과 예술의 자유를 가진다.

저작자, 발명가와 예술가의 권리는 법률로써 보호한다.

제15조 재산권은 보장된다. 그 내용과 한계는 법률로써 정한다.

재산권의 행사는 공공복리에 적합하도록 하여야 한다.

공공필요에 의하여 국민의 재산권을 수용, 사용 또는 제한함은 법률의 정하는 바에 의하여 상당한 보상을 지급함으로써 행한다.

제16조 모든 국민은 균등하게 교육을 받을 권리가 있다. 적어도 초등교육은 의무적이며 무상으로 한다.

모든 교육기관은 국가의 감독을 받으며 교육제도는 법률로써 정한다.

제17조 모든 국민은 근로의 권리와 의무를 가진다.

근로조건의 기준은 법률로써 정한다.

여자와 소년의 근로는 특별한 보호를 받는다.

제18조 근로자의 단결, 단체교섭과 단체행동의 자유는 법률의 범위 내에서 보장된다.

영리를 목적으로 하는 사기업에 있어서는 근로자는 법률의 정하는 바에 의하여 이익의 분배에 균점할 권리가 있다.

제19조 노령, 질병 기타 근로능력의 상실로 인하여 생활유지의 능력이 없는 자는 법률의 정하는 바에 의하여 국가의 보호를 받는다.

제20조 혼인은 남녀동권을 기본으로 하며 혼인의 순결과 가족의 건강은 국가의 특별한 보호를 받는다.

제21조 모든 국민은 국가 각 기관에 대하여 문서로써 청원을 할 권리가 있다.

청원에 대하여 국가는 심사할 의무를 진다.

제22조 모든 국민은 법률의 정한 법관에 의하여 법률에 의한 재판을 받을 권리가 있다.

제23조 모든 국민은 행위시의 법률에 의하여 범죄를 구성하지 아니하는 행위에 대하여 소추를 받지 아니하며 또 동일한 범죄에 대하여 두 번 처벌되지 아니한다.

제24조 형사피고인은 상당한 이유가 없는 한 지체 없이 공개재판을 받을 권리가 있다.

형사피고인으로서 구금되었던 자가 무죄판결을 받은 때에는 법률의 정하는 바에 의하여 국가에 대하여 보상을 청구할 수 있다.

제25조 모든 국민은 법률의 정하는 바에 의하여 공무원을 선거할 권리가 있다.

제26조 모든 국민은 법률의 정하는 바에 의하여 공무를 담임할 권리가 있다.

제27조 공무원은 주권을 가진 국민의 수임자이며 언제든지 국민에 대하여 책임을 진다. 국민은 불법행위를 한 공무원의 파면을 청원할 권리가 있다.

공무원의 직무상 불법행위로 인하여 손해를 받은 자는 국가 또는 공공단체에 대하여 배상을 청구할 수 있다. 단, 공무원 자신의 민사상이나 형사상의 책임이 면제되는 것은 아니다.

제28조 국민의 모든 자유와 권리는 헌법에 열거되지 아니한 이유로써 경

시되지는 아니한다.

국민의 자유와 권리를 제한하는 법률의 제정은 질서유지와 공공복리를 위하여 필요한 경우에 한한다.

제29조 모든 국민은 법률의 정하는 바에 의하여 납세의 의무를 진다.

제30조 모든 국민은 법률의 정하는 바에 의하여 국토방위의 의무를 진다.

제3장 국회

제31조 입법권은 국회가 행한다.

제32조 국회는 보통, 직접, 평등, 비밀선거에 의하여 공선(公選)된 의원으로써 조직한다.

국회의원의 선거에 관한 사항은 법률로써 정한다.

제33조 국회의원의 임기는 4년으로 한다.

제34조 국회의 정기회는 매년 1회 12월 20일에 집회한다. 당해일이 공휴일인 때에는 그 익일에 집회한다.

제35조 임시긴급의 필요가 있을 때에는 대통령 또는 국회의 재적의원 4분의 1 이상의 요구에 의하여 의장은 국회의 임시회의 집회를 공고한다.

국회폐회 중에 대통령 또는 부통령의 선거를 행할 사유가 발생한 때에는 국회는 지체 없이 당연히 집회한다.

제36조 국회는 의장 1인 부의장 2인을 선거한다.

제37조 국회는 헌법 또는 국회법에 특별한 규정이 없는 한 그 재적의원의 과반수의 출석과 출석의원의 과반수로써 의결을 행한다.

의장은 의결에 있어서 표결권을 가지며 가부동수인 경우에는 결정권을 가진다.

제38조 국회의 회의는 공개한다. 단, 국회의 결의에 의하여 비밀회로 할 수 있다.

제39조 국회의원과 정부는 법률안을 제출할 수 있다.

제40조 국회에서 의결된 법률안은 정부로 이송되어 15일 이내에 대통령이 공포한다. 단, 이의가 있는 때에는 대통령은 이의서를 부하여 국회로 환부하고 국회는 재의에 부한다. 재의의 결과 국회의 재적의원 3분의 2 이상의 출석과 출석의원 3분의 2 이상의 찬성으로 전과 동일한 의결을 한 때에는 그 법률안은 법률로서 확정된다. 법률안이 정부로 이송된 후 15일 이내에 공포 또는 환부되지 아니하는 때에도 그 법률안은 법률로서 확정된다.

대통령은 본조에 의하여 확정된 법률을 지체 없이 공포하여야 한다.

법률은 특별한 규정이 없는 한 공포일로부터 20일을 경과함으로써 효력을 발생한다.

제41조 국회는 예산안을 심의결정한다.

제42조 국회는 국제조직에 관한 조약, 상호원조에 관한 조약, 강화조약, 통상조약, 국가 또는 국민에게 재정적 부담을 지우는 조약, 입법사항에 관한 조약의 비준과 선전포고에 대하여 동의권을 가진다.

제43조 국회는 국정을 감사하기 위하여 필요한 서류를 제출케 하며 증인의 출석과 증언 또는 의견의 진술을 요구할 수 있다.

제44조 국무총리, 국무위원과 정부위원은 국회에 출석하여 의견을 진술하고 질문에 응답할 수 있으며 국회의 요구가 있을 때에는 출석답변하여야 한다.

제45조 국회는 의원의 자격을 심사하고 의사에 관한 규칙을 제정하고 의원의 징벌을 결정할 수 있다.

의원을 제명함에는 재적의원 3분의 2 이상의 찬성이 있어야 한다.

제46조 대통령, 부통령, 국무총리, 국무위원, 심계원장(오늘의 감사원장), 법관 기타 법률이 정하는 공무원의 그 직무수행에 관하여 헌법 또는 법률에 위배한 때에는 국회는 탄핵의 소추를 결의할 수 있다.

국회의 탄핵소추의 발의는 의원 50인 이상의 연서가 있어야 하며 그 결의는 재적의원 3분의 2 이상의 출석과 출석의원 3분의 2 이상의 찬성이 있어야 한다.

제47조 탄핵사건을 심판하기 위하여 법률로써 탄핵재판소를 설치한다.

탄핵재판소는 부통령이 재판장의 직무를 행하고 대법관 5인과 국회의원 5인이 심판관이 된다. 단, 대통령과 부통령을 심판할 때에는 대법원장이 재판장의 직무를 행한다.

탄핵판결은 심판관 3분의 2 이상의 찬성이 있어야 한다.

탄핵판결은 공직으로부터 파면함에 그친다. 단, 이에 의하여 민사상이나 형사상의 책임이 면제되는 것은 아니다.

제48조 국회의원은 지방의회의 의원을 겸할 수 없다.

제49조 국회의원은 현행범을 제한 외에는 회기중 국회의 동의 없이 체포 또는 구금되지 아니하며 회기 전에 체포 또는 구금되었을 때에는 국회의 요구가 있으면 회기 중 석방된다.

제50조 국회의원은 국회 내에서 발표한 의견과 표결에 관하여 외부에 대하여 책임을 지지 아니한다.

제4장 정부

제1절 대통령

제51조 대통령은 행정권의 수반이며 외국에 대하여 국가를 대표한다.

제52조 대통령이 사고로 인하여 직무를 수행할 수 없을 때에는 부통령이 그 권한을 대행하고 대통령, 부통령 모두 사고로 인하여 그 직무를 수행할 수 없을 때에는 국무총리가 그 권한을 대행한다.

제53조 대통령과 부통령은 국회에서 무기명투표로써 각각 선거한다.

전항의 선거는 재적의원 3분의 2 이상의 출석과 출석의원 3분의 2 이상의 찬성투표로써 당선을 결정한다. 단, 3분의 2 이상의 득표자가 없는 때에는 2차 투표를 행한다. 2차 투표에도 3분의 2 이상의 득표자가 없는 때에는 최고득표자 2인에 대하여 결선투표를 행하여 다수득표자를 당선자로 한다.

대통령과 부통령은 국무총리 또는 국회의원을 겸하지 못한다.

제54조 대통령은 취임할 때 국회에서 아래의 선서를 행한다.

「나는 국헌을 준수하며 국민의 복리를 증진하며 국가를 보위하여 대통령의 직무를 성실히 수행할 것을 국민에게 엄숙히 선서한다.」

제55조 대통령과 부통령의 임기는 4년으로 한다. 단, 재선에 의하여 1차 중임할 수 있다.

부통령은 대통령재임 중 재임한다.

제56조 대통령, 부통령의 임기가 만료되는 때에는 늦어도 그 임기가 만료되기 30일 전에 그 후임자를 선거한다.

대통령 또는 부통령이 궐위된 때에는 즉시 그 후임자를 선거한다.

제57조 내우, 외환, 천재, 지변 또는 중대한 재정, 경제상의 위기 때 공공의 안녕질서를 유지하기 위하여 긴급한 조치를 할 필요가 있는 때에는 대통령은 국회의 집회를 기다릴 여유가 없는 경우에 한하여 법률의 효력을 가진 명령을 발하거나 또는 재정상 필요한 처분을 할 수 있다.

전항의 명령 또는 처분은 지체 없이 국회에 보고하여 승인을 얻어야 한다.

만일 국회의 승인을 얻지 못한 때에는 그때부터 효력을 상실하며 대통령은 지체 없이 이를 공포하여야 한다.

제58조 대통령은 법률에서 일정한 범위를 정하여 위임을 받은 사항과 법률을 실시하기 위하여 필요한 사항에 관하여 명령을 발할 수 있다.

제59조 대통령은 조약을 체결하고 비준하며 선전포고와 강화를 행하고 외교사절을 신임접수한다.

제60조 대통령은 중요한 국무에 관하여 국회에 출석하여 발언하거나 또는 서한으로 의견을 표시한다.

제61조 대통령은 국군을 통수한다.

국군의 조직과 편성은 법률로써 정한다.

제62조 대통령은 헌법과 법률의 정하는 바에 의하여 공무원을 임면한다.

제63조 대통령은 법률의 정하는 바에 의하여 사면, 감형과 복권을 명한다.

일반사면을 명함에는 국회의 동의를 얻어야 한다.

제64조 대통령은 법률의 정하는 바에 의하여 계엄을 선포한다.

제65조 대통령은 훈장 기타 영예를 수여한다.

제66조 대통령의 국무에 관한 행위는 문서로 하여야 하며 모든 문서에는 국무총리와 관계 국무위원의 부서가 있어야 한다. 군사에 관한 것도 또한 같다.

제67조 대통령은 내란 또는 외환의 죄를 범한 때 이외에는 재직 중 형사상의 소추를 받지 아니한다.

제2절 국무원

제68조 국무원은 대통령과 국무총리 기타의 국무위원으로 조직되는 합의체로서 대통령의 권한에 속한 중요 국책을 의결한다.

제69조 국무총리는 대통령이 임명하고 국회의 승인을 얻어야 한다. 국회

의원 총선거 후 신국회가 개회되었을 때에는 국무총리 임명에 대한 승인을 다시 얻어야 한다.

국무위원은 대통령이 임명한다.

국무위원의 총수는 국무총리를 합하여 8인 이상 15인 이내로 한다.

군인은 현역을 면한 후가 아니면 국무총리 또는 국무위원에 임명될 수 없다.

제70조 대통령은 국무회의 의장이 된다.

국무총리는 대통령을 보좌하며 국무회의의 부의장이 된다.

제71조 국무회의의 의결은 과반수로써 행한다.

의장은 의결에 있어서 표결권을 가지며 가부동수인 경우에는 결정권을 가진다.

제72조 아래의 사항은 국무회의의 의결을 거쳐야 한다.

1. 국정의 기본적 계획과 정책
2. 조약안, 선전, 강화 기타 중요한 대외정책에 관한 사항
3. 헌법개정안, 법률안, 대통령령안
4. 예산안, 결산안, 재정상의 긴급처분안, 예비비 지출에 관한 사항
5. 임시국회의 집회요구에 관한 사항
6. 계엄안, 해엄안
7. 군사에 관한 중요사항
8. 영예 수여, 사면, 감형, 복권에 관한 사항
9. 행정각부간의 연락사항과 권한의 획정

10. 정부에 제출 또는 회부된 청원의 심사
11. 대법관, 검찰총장, 심계원장, 국립대학총장, 대사, 공사, 국군총사령관, 국군참모총장, 기타 법률에 의하여 지정된 공무원과 중요 국영기업의 관리자의 임면에 관한 사항
12. 행정각부의 중요한 정책의 수립과 운영에 관한 사항
13. 기타 국무총리 또는 국무위원이 제출하는 사항

제3절 행정각부

제73조 행정각부장관은 국무위원 중에서 대통령이 임명한다.

국무총리는 대통령의 명을 승하여 행정각부장관을 통리감독하며 행정각부에 분담되지 아니한 행정사무를 담임한다.

제74조 국무총리 또는 행정각부장관은 그 담임한 직무에 관하여 직권 또는 특별한 위임에 의하여 총리령 또는 부령을 발할 수 있다.

제75조 행정각부의 조직과 직무범위는 법률로써 정한다.

제5장 법원

제76조 사법권은 법관으로써 조직된 법원이 행한다.

최고법원인 대법원과 하급법원의 조직은 법률로써 정한다.

법관의 자격은 법률로써 정한다.

제77조 법관은 헌법과 법률에 의하여 독립하여 심판한다.

제78조 대법원장인 법관은 대통령이 임명하고 국회의 승인을 얻어야 한다.

제79조 법관의 임기는 10년으로 하되 법률의 정하는 바에 의하여 연임할 수 있다.

제80조 법관은 탄핵, 형벌 또는 징계처분에 의하지 아니하고는 파면, 정직 또는 감봉되지 아니한다.

제81조 대법원은 법률의 정하는 바에 의하여 명령, 규칙과 처분이 헌법과 법률에 위반되는 여부를 최종적으로 심사할 권한이 있다.

법률이 헌법에 위반되는 여부가 재판의 전제가 되는 때에는 법원은 헌법위원회에 제청하여 그 결정에 의하여 재판한다.

헌법위원회는 부통령을 위원장으로 하고 대법관 5인과 국회의원 5인의 위원으로 구성한다.

헌법위원회에서 위헌결정을 할 때에는 위원 3분의 2 이상의 찬성이 있어야 한다.

헌법위원회의 조직과 절차는 법률로써 정한다.

제82조 대법원은 법원의 내부규율과 사무처리에 관한 규칙을 제정할 수 있다.

제83조 재판의 대심과 판결은 공개한다. 단, 안녕질서를 방해하거나 풍속을 해할 염려가 있는 때에는 법원의 결정으로서 공개를 아니할 수 있다.

제6장 경제

제84조 대한민국의 경제질서는 모든 국민에게 생활의 기본적 수요를 충족할 수 있게 하는 사회정의의 실현과 균형 있는 국민경제의 발전을 기함을 기본으로 삼는다. 각인의 경제상 자유는 이 한계 내에서 보장된다.

제85조 광물 기타 중요한 지하자원, 수산자원, 수력과 경제상 이용할 수 있는 자연력은 국유로 한다. 공공필요에 의하여 일정한 기간 그 개발 또는 이용을 특허하거나 또는 특허를 취소함은 법률의 정하는 바에 의하여 행한다.

제86조 농지는 농민에게 분배하며 그 분배의 방법, 소유의 한도, 소유권의 내용과 한계는 법률로써 정한다.

제87조 중요한 운수, 통신, 금융, 보험, 전기, 수리, 수도, 까스 및 공공성을 가진 기업은 국영 또는 공영으로 한다. 공공필요에 의하여 사영을 특허하거나 또는 그 특허를 취소함은 법률의 정하는 바에 의하여 행한다.

대외무역은 국가의 통제하에 둔다.

제88조 국방상 또는 국민생활상 긴절한 필요에 의하여 사영기업을 국유 또는 공유로 이전하거나 또는 그 경영을 통제, 관리함은 법률이 정하는 바에 의하여 행한다.

제89조 제85조 내지 제88조에 의하여 특허를 취소하거나 권리를 수용

사용 또는 제한하는 때에는 제15조 제3항의 규정을 준용한다.

제7장 재정

제90조 조세의 종목과 세율은 법률로써 정한다.

제91조 정부는 국가의 총수입과 총지출을 회계연도마다 예산으로 편성하여 매년 국회의 정기회 개회초에 국회에 제출하여 그 의결을 얻어야 한다.

특별히 계속지출의 필요가 있을 때에는 연한을 정하여 계속비로서 국회의 의결을 얻어야 한다.

국회는 정부의 동의 없이는 정부가 제출한 지출예산 각 항의 금액을 증가하거나 또는 신비목을 설치할 수 없다.

제92조 국채를 모집하거나 예산외에 국가의 부담이 될 계약을 함에는 국회의 의결을 얻어야 한다.

제93조 예측할 수 없는 예산외의 지출 또는 예산초과지출에 충당하기 위한 예비비는 미리 국회의 의결을 얻어야 한다.

예비비의 지출은 차기 국회의 승인을 얻어야 한다.

제94조 국회는 회계연도가 개시되기까지에 예산을 의결하여야 한다. 부득이한 사유로 인하여 예산이 의결되지 못한 때에는 국회는 1개월 이내의 가예산을 의결하고 그 기간 내에 예산을 의결하여야 한다.

제95조 국가의 수입지출의 결산은 매년 심계원에서 검사한다.

정부는 심계원의 검사보고와 함께 결산을 차년도의 국회에 제출하여야 한다.

심계원의 조직과 권한은 법률로써 정한다.

제8장 지방자치

제96조 지방자치단체는 법령의 범위 내에서 그 자치에 관한 행정사무와 국가가 위임한 행정사무를 처리하며 재산을 관리한다.

지방자치단체는 법령의 범위 내에서 자치에 관한 규정을 제정할 수 있다.

제97조 지방자치단체의 조직과 운영에 관한 사항은 법률로써 정한다.

지방자치단체에는 각각 의회를 둔다.

지방의회의 조직, 권한과 의원의 선거는 법률로써 정한다.

제9장 헌법개정

제98조 헌법개정의 제안은 대통령 또는 국회의 재적의원 3분의 1 이상의 찬성으로써 한다.

헌법개정의 제의는 대통령이 이를 공고하여야 한다.

전항의 공고기간은 30일 이상으로 한다.

헌법개정의 의결은 국회에서 재적의원 3분의 2 이상의 찬성으로써 한다.

헌법개정이 의결된 때에는 대통령은 즉시 공포한다.

제10장 부칙

제99조 이 헌법은 이 헌법을 제정한 국회의 의장이 공포한 날로부터 시행한다. 단, 법률의 제정이 없이는 실현될 수 없는 규정은 그 법률이 시행되는 때부터 시행된다.

제100조 현행법령은 이 헌법에 저촉되지 아니하는 한 효력을 가진다.

제101조 이 헌법을 제정한 국회는 단기 4278년 8월 15일 이전의 악질적인 반민족행위를 처벌하는 특별법을 제정할 수 있다.

제102조 이 헌법을 제정한 국회는 이 헌법에 의한 국회로서의 권한을 행하며 그 의원의 임기는 국회 개회일로부터 2년으로 한다.

제103조 이 헌법 시행시에 재직하고 있는 공무원은 이 헌법에 의하여 선거 또는 임명된 자가 그 직무를 계승할 때까지 계속하여 직무를 행한다.

04 1987년 「대한민국헌법」
살아 있는 헌법

1948년 「제헌헌법」 이후 대한민국헌법은 아홉 차례 개정되었습니다. 그 과정에서 헌법은 때로 권력을 강화하는 수단이 되기도, 때로 민주주의를 넓히는 계기가 되기도 했습니다. 그리고 1987년, 거리의 시민들이 외친 요구가 헌법을 새로운 시대의 문장으로 다시 썼습니다.

유신체제와 제5공화국 헌법 아래 권력은 집중되었고, 대통령은 간접선거로 선출되었습니다. 시민들이 요구한 것은 정권 교체가 아니라 국민이 주인이 되는 민주주의 회복이었습니다.

그 결과, 1987년 10월 29일 오늘의 「대한민국헌법」이 공포되었습니다. 대통령 직선제가 도입되고, 권력기관의 견제 장치가 강화되었으며, 헌법재판소가 설치되어 국민이 직접 헌법에 호소할 길이 열렸습니다.

무엇보다 헌법의 첫머리에 "모든 국민은 인간으로서의 존엄과 가치를 가지며, 행복을 추구할 권리를 가진다"라는 조항을 두어 국가보다 인간의 존엄을 먼저 세운 헌법임을 선언했습니다. 또한 노동권·환경권·정보공개청구권·국가배상청구권 등 국민이 일상에서 체감할 수 있는 권리의 기반을 마련했습니다.

1987년 헌법은 법률가의 책상에서가 아니라, '광장에서 외친 시민의 목소리로 쓰인 문장'입니다. 그래서 이 헌법은 1987년에 머물지 않습니다. 오늘도 우리의 권리를 지키고, 민주주의를 움직이게 하는 살아 있는 헌법입니다.

이제, 그 문장을 직접 읽어보겠습니다.

대한민국헌법

[시행 1988. 2. 25.] [헌법 제10호, 1987. 10. 29., 전부개정]

전문

유구한 역사와 전통에 빛나는 우리 대한국민은 3·1운동으로 건립된 대한민국임시정부의 법통과 불의에 항거한 4·19민주이념을 계승하고, 조국의 민주개혁과 평화적 통일의 사명에 입각하여 정의·인도와 동포애로써 민족의 단결을 공고히 하고, 모든 사회적 폐습과 불의를 타파하며, 자율과 조화를 바탕으로 자유민주적 기본질서를 더욱 확고히 하여 정치·경제·사회·문화의 모든 영역에 있어서 각인의 기회를 균등히 하고, 능력을 최고도로 발휘하게 하며, 자유와 권리에 따르는 책임과 의무를 완수하게 하여, 안으로는 국민생활의 균등한 향상을 기하고 밖으로는 항구적인 세계평화와 인류공영에 이바지함으로써 우리들과 우리들의 자손의 안전과 자유와 행복을 영원히 확보할 것을 다짐하면서 1948년 7월 12일에 제정되고 8차에 걸쳐 개정된 헌법을 이제 국회의 의결을 거쳐 국민투표에 의하여 개정한다.

제1장 총강

제1조

① 대한민국은 민주공화국이다.

② 대한민국의 주권은 국민에게 있고, 모든 권력은 국민으로부터 나온다.

제2조

① 대한민국의 국민이 되는 요건은 법률로 정한다.

② 국가는 법률이 정하는 바에 의하여 재외국민을 보호할 의무를 진다.

제3조 대한민국의 영토는 한반도와 그 부속도서로 한다.

제4조 대한민국은 통일을 지향하며, 자유민주적 기본질서에 입각한 평화적 통일정책을 수립하고 이를 추진한다.

제5조

① 대한민국은 국제평화의 유지에 노력하고 침략적 전쟁을 부인한다.

② 국군은 국가의 안전보장과 국토방위의 신성한 의무를 수행함을 사명으로 하며, 그 정치적 중립성은 준수된다.

제6조

① 헌법에 의하여 체결·공포된 조약과 일반적으로 승인된 국제법규는 국내법과 같은 효력을 가진다.

② 외국인은 국제법과 조약이 정하는 바에 의하여 그 지위가 보장된다.

제7조

① 공무원은 국민전체에 대한 봉사자이며, 국민에 대하여 책임을 진다.

② 공무원의 신분과 정치적 중립성은 법률이 정하는 바에 의하여 보장된다.

제8조

① 정당의 설립은 자유이며, 복수정당제는 보장된다.

② 정당은 그 목적·조직과 활동이 민주적이어야 하며, 국민의 정치적 의사형성에 참여하는 데 필요한 조직을 가져야 한다.

③ 정당은 법률이 정하는 바에 의하여 국가의 보호를 받으며, 국가는 법률이 정하는 바에 의하여 정당운영에 필요한 자금을 보조할 수 있다.

④ 정당의 목적이나 활동이 민주적 기본질서에 위배될 때에는 정부는 헌법재판소에 그 해산을 제소할 수 있고, 정당은 헌법재판소의 심판에 의하여 해산된다.

제9조 국가는 전통문화의 계승·발전과 민족문화의 창달에 노력하여야 한다.

제2장 국민의 권리와 의무

제10조 모든 국민은 인간으로서의 존엄과 가치를 가지며, 행복을 추구할

권리를 가진다. 국가는 개인이 가지는 불가침의 기본적 인권을 확인하고 이를 보장할 의무를 진다.

제11조

① 모든 국민은 법 앞에 평등하다. 누구든지 성별·종교 또는 사회적 신분에 의하여 정치적·경제적·사회적·문화적 생활의 모든 영역에 있어서 차별을 받지 아니한다.

② 사회적 특수계급의 제도는 인정되지 아니하며, 어떠한 형태로도 이를 창설할 수 없다.

③ 훈장 등의 영전은 이를 받은 자에게만 효력이 있고, 어떠한 특권도 이에 따르지 아니한다.

제12조

① 모든 국민은 신체의 자유를 가진다. 누구든지 법률에 의하지 아니하고는 체포·구속·압수·수색 또는 심문을 받지 아니하며, 법률과 적법한 절차에 의하지 아니하고는 처벌·보안처분 또는 강제노역을 받지 아니한다.

② 모든 국민은 고문을 받지 아니하며, 형사상 자기에게 불리한 진술을 강요당하지 아니한다.

③ 체포·구속·압수 또는 수색을 할 때에는 적법한 절차에 따라 검사의 신청에 의하여 법관이 발부한 영장을 제시하여야 한다. 다만, 현행범인인 경우와 장기 3년 이상의 형에 해당하는 죄를 범하고 도피 또는 증거인멸의 염려가 있을 때에는 사후에 영장을 청구

할 수 있다.

④ 누구든지 체포 또는 구속을 당한 때에는 즉시 변호인의 조력을 받을 권리를 가진다. 다만, 형사피고인이 스스로 변호인을 구할 수 없을 때에는 법률이 정하는 바에 의하여 국가가 변호인을 붙인다.

⑤ 누구든지 체포 또는 구속의 이유와 변호인의 조력을 받을 권리가 있음을 고지받지 아니하고는 체포 또는 구속을 당하지 아니한다. 체포 또는 구속을 당한 자의 가족 등 법률이 정하는 자에게는 그 이유와 일시·장소가 지체 없이 통지되어야 한다.

⑥ 누구든지 체포 또는 구속을 당한 때에는 적부의 심사를 법원에 청구할 권리를 가진다.

⑦ 피고인의 자백이 고문·폭행·협박·구속의 부당한 장기화 또는 기망 기타의 방법에 의하여 자의로 진술된 것이 아니라고 인정될 때 또는 정식재판에 있어서 피고인의 자백이 그에게 불리한 유일한 증거일 때에는 이를 유죄의 증거로 삼거나 이를 이유로 처벌할 수 없다.

제13조

① 모든 국민은 행위시의 법률에 의하여 범죄를 구성하지 아니하는 행위로 소추되지 아니하며, 동일한 범죄에 대하여 거듭 처벌받지 아니한다.

② 모든 국민은 소급입법에 의하여 참정권의 제한을 받거나 재산권을 박탈당하지 아니한다.

③ 모든 국민은 자기의 행위가 아닌 친족의 행위로 인하여 불이익한 처우를 받지 아니한다.

제14조 모든 국민은 거주·이전의 자유를 가진다.

제15조 모든 국민은 직업선택의 자유를 가진다.

제16조 모든 국민은 주거의 자유를 침해받지 아니한다. 주거에 대한 압수나 수색을 할 때에는 검사의 신청에 의하여 법관이 발부한 영장을 제시하여야 한다.

제17조 모든 국민은 사생활의 비밀과 자유를 침해받지 아니한다.

제18조 모든 국민은 통신의 비밀을 침해받지 아니한다.

제19조 모든 국민은 양심의 자유를 가진다.

제20조

① 모든 국민은 종교의 자유를 가진다.

② 국교는 인정되지 아니하며, 종교와 정치는 분리된다.

제21조

① 모든 국민은 언론·출판의 자유와 집회·결사의 자유를 가진다.

② 언론·출판에 대한 허가나 검열과 집회·결사에 대한 허가는 인정되지 아니한다.

③ 통신·방송의 시설기준과 신문의 기능을 보장하기 위하여 필요한 사항은 법률로 정한다.

④ 언론·출판은 타인의 명예나 권리 또는 공중도덕이나 사회윤리를 침해하여서는 아니된다. 언론·출판이 타인의 명예나 권리를 침해

한 때에는 피해자는 이에 대한 피해의 배상을 청구할 수 있다.

제22조

① 모든 국민은 학문과 예술의 자유를 가진다.

② 저작자·발명가·과학기술자와 예술가의 권리는 법률로써 보호한다.

제23조

① 모든 국민의 재산권은 보장된다. 그 내용과 한계는 법률로 정한다.

② 재산권의 행사는 공공복리에 적합하도록 하여야 한다.

③ 공공필요에 의한 재산권의 수용·사용 또는 제한 및 그에 대한 보상은 법률로써 하되, 정당한 보상을 지급하여야 한다.

제24조 모든 국민은 법률이 정하는 바에 의하여 선거권을 가진다.

제25조 모든 국민은 법률이 정하는 바에 의하여 공무담임권을 가진다.

제26조

① 모든 국민은 법률이 정하는 바에 의하여 국가기관에 문서로 청원할 권리를 가진다.

② 국가는 청원에 대하여 심사할 의무를 진다.

제27조

① 모든 국민은 헌법과 법률이 정한 법관에 의하여 법률에 의한 재판을 받을 권리를 가진다.

② 군인 또는 군무원이 아닌 국민은 대한민국의 영역 안에서는 중대한 군사상 기밀·초병·초소·유독음식물공급·포로·군용물에 관한 죄 중 법률이 정한 경우와 비상계엄이 선포된 경우를 제외하고

는 군사법원의 재판을 받지 아니한다.

③ 모든 국민은 신속한 재판을 받을 권리를 가진다. 형사피고인은 상당한 이유가 없는 한 지체 없이 공개재판을 받을 권리를 가진다.

④ 형사피고인은 유죄의 판결이 확정될 때까지는 무죄로 추정된다.

⑤ 형사피해자는 법률이 정하는 바에 의하여 당해 사건의 재판절차에서 진술할 수 있다.

제28조 형사피의자 또는 형사피고인으로서 구금되었던 자가 법률이 정하는 불기소처분을 받거나 무죄판결을 받은 때에는 법률이 정하는 바에 의하여 국가에 정당한 보상을 청구할 수 있다.

제29조

① 공무원의 직무상 불법행위로 손해를 받은 국민은 법률이 정하는 바에 의하여 국가 또는 공공단체에 정당한 배상을 청구할 수 있다. 이 경우 공무원 자신의 책임은 면제되지 아니한다.

② 군인·군무원·경찰공무원 기타 법률이 정하는 자가 전투·훈련 등 직무집행과 관련하여 받은 손해에 대하여는 법률이 정하는 보상 외에 국가 또는 공공단체에 공무원의 직무상 불법행위로 인한 배상은 청구할 수 없다.

제30조 타인의 범죄행위로 인하여 생명·신체에 대한 피해를 받은 국민은 법률이 정하는 바에 의하여 국가로부터 구조를 받을 수 있다.

제31조

① 모든 국민은 능력에 따라 균등하게 교육을 받을 권리를 가진다.

② 모든 국민은 그 보호하는 자녀에게 적어도 초등교육과 법률이 정하는 교육을 받게 할 의무를 진다.

③ 의무교육은 무상으로 한다.

④ 교육의 자주성·전문성·정치적 중립성 및 대학의 자율성은 법률이 정하는 바에 의하여 보장된다.

⑤ 국가는 평생교육을 진흥하여야 한다.

⑥ 학교교육 및 평생교육을 포함한 교육제도와 그 운영, 교육재정 및 교원의 지위에 관한 기본적인 사항은 법률로 정한다.

제32조

① 모든 국민은 근로의 권리를 가진다. 국가는 사회적·경제적 방법으로 근로자의 고용의 증진과 적정임금의 보장에 노력하여야 하며, 법률이 정하는 바에 의하여 최저임금제를 시행하여야 한다.

② 모든 국민은 근로의 의무를 진다. 국가는 근로의 의무의 내용과 조건을 민주주의 원칙에 따라 법률로 정한다.

③ 근로조건의 기준은 인간의 존엄성을 보장하도록 법률로 정한다.

④ 여자의 근로는 특별한 보호를 받으며, 고용·임금 및 근로조건에 있어서 부당한 차별을 받지 아니한다.

⑤ 연소자의 근로는 특별한 보호를 받는다.

⑥ 국가유공자·상이군경 및 전몰군경의 유가족은 법률이 정하는 바에 의하여 우선적으로 근로의 기회를 부여받는다.

제33조

① 근로자는 근로조건의 향상을 위하여 자주적인 단결권·단체교섭권 및 단체행동권을 가진다.

② 공무원인 근로자는 법률이 정하는 자에 한하여 단결권·단체교섭권 및 단체행동권을 가진다.

③ 법률이 정하는 주요방위산업체에 종사하는 근로자의 단체행동권은 법률이 정하는 바에 의하여 이를 제한하거나 인정하지 아니할 수 있다.

제34조

① 모든 국민은 인간다운 생활을 할 권리를 가진다.

② 국가는 사회보장·사회복지의 증진에 노력할 의무를 진다.

③ 국가는 여자의 복지와 권익의 향상을 위하여 노력하여야 한다.

④ 국가는 노인과 청소년의 복지향상을 위한 정책을 실시할 의무를 진다.

⑤ 신체장애자 및 질병·노령 기타의 사유로 생활능력이 없는 국민은 법률이 정하는 바에 의하여 국가의 보호를 받는다.

⑥ 국가는 재해를 예방하고 그 위험으로부터 국민을 보호하기 위하여 노력하여야 한다.

제35조

① 모든 국민은 건강하고 쾌적한 환경에서 생활할 권리를 가지며, 국가와 국민은 환경보전을 위하여 노력하여야 한다.

② 환경권의 내용과 행사에 관하여는 법률로 정한다.

③ 국가는 주택개발정책 등을 통하여 모든 국민이 쾌적한 주거생활을 할 수 있도록 노력하여야 한다.

제36조

① 혼인과 가족생활은 개인의 존엄과 양성의 평등을 기초로 성립되고 유지되어야 하며, 국가는 이를 보장한다.

② 국가는 모성의 보호를 위하여 노력하여야 한다.

③ 모든 국민은 보건에 관하여 국가의 보호를 받는다.

제37조

① 국민의 자유와 권리는 헌법에 열거되지 아니한 이유로 경시되지 아니한다.

② 국민의 모든 자유와 권리는 국가안전보장·질서유지 또는 공공복리를 위하여 필요한 경우에 한하여 법률로써 제한할 수 있으며, 제한하는 경우에도 자유와 권리의 본질적인 내용을 침해할 수 없다.

제38조 모든 국민은 법률이 정하는 바에 의하여 납세의 의무를 진다.

제39조

① 모든 국민은 법률이 정하는 바에 의하여 국방의 의무를 진다.

② 누구든지 병역의무의 이행으로 인하여 불이익한 처우를 받지 아니한다.

제3장 국회

제40조 입법권은 국회에 속한다.

제41조

① 국회는 국민의 보통·평등·직접·비밀선거에 의하여 선출된 국회의원으로 구성한다.

② 국회의원의 수는 법률로 정하되, 200인 이상으로 한다.

③ 국회의원의 선거구와 비례대표제 기타 선거에 관한 사항은 법률로 정한다.

제42조 국회의원의 임기는 4년으로 한다.

제43조 국회의원은 법률이 정하는 직을 겸할 수 없다.

제44조

① 국회의원은 현행범인인 경우를 제외하고는 회기 중 국회의 동의 없이 체포 또는 구금되지 아니한다.

② 국회의원이 회기 전에 체포 또는 구금된 때에는 현행범인이 아닌 한 국회의 요구가 있으면 회기 중 석방된다.

제45조 국회의원은 국회에서 직무상 행한 발언과 표결에 관하여 국회 외에서 책임을 지지 아니한다.

제46조

① 국회의원은 청렴의 의무가 있다.

② 국회의원은 국가이익을 우선하여 양심에 따라 직무를 행한다.

③ 국회의원은 그 지위를 남용하여 국가·공공단체 또는 기업체와의 계약이나 그 처분에 의하여 재산상의 권리·이익 또는 직위를 취득하거나 타인을 위하여 그 취득을 알선할 수 없다.

제47조

① 국회의 정기회는 법률이 정하는 바에 의하여 매년 1회 집회되며, 국회의 임시회는 대통령 또는 국회재적의원 4분의 1 이상의 요구에 의하여 집회된다.

② 정기회의 회기는 100일을, 임시회의 회기는 30일을 초과할 수 없다.

③ 대통령이 임시회의 집회를 요구할 때에는 기간과 집회요구의 이유를 명시하여야 한다.

제48조 국회는 의장 1인과 부의장 2인을 선출한다.

제49조 국회는 헌법 또는 법률에 특별한 규정이 없는 한 재적의원 과반수의 출석과 출석의원 과반수의 찬성으로 의결한다. 가부동수인 때에는 부결된 것으로 본다.

제50조

① 국회의 회의는 공개한다. 다만, 출석의원 과반수의 찬성이 있거나 의장이 국가의 안전보장을 위하여 필요하다고 인정할 때에는 공개하지 아니할 수 있다.

② 공개하지 아니한 회의내용의 공표에 관하여는 법률이 정하는 바에 의한다.

제51조 국회에 제출된 법률안 기타의 의안은 회기 중에 의결되지 못한

이유로 폐기되지 아니한다. 다만, 국회의원의 임기가 만료된 때에는 그러하지 아니하다.

제52조 국회의원과 정부는 법률안을 제출할 수 있다.

제53조

① 국회에서 의결된 법률안은 정부에 이송되어 15일 이내에 대통령이 공포한다.

② 법률안에 이의가 있을 때에는 대통령은 제1항의 기간 내에 이의서를 붙여 국회로 환부하고, 그 재의를 요구할 수 있다. 국회의 폐회 중에도 또한 같다.

③ 대통령은 법률안의 일부에 대하여 또는 법률안을 수정하여 재의를 요구할 수 없다.

④ 재의의 요구가 있을 때에는 국회는 재의에 붙이고, 재적의원 과반수의 출석과 출석의원 3분의 2 이상의 찬성으로 전과 같은 의결을 하면 그 법률안은 법률로서 확정된다.

⑤ 대통령이 제1항의 기간 내에 공포나 재의의 요구를 하지 아니한 때에도 그 법률안은 법률로서 확정된다.

⑥ 대통령은 제4항과 제5항의 규정에 의하여 확정된 법률을 지체 없이 공포하여야 한다. 제5항에 의하여 법률이 확정된 후 또는 제4항에 의한 확정법률이 정부에 이송된 후 5일 이내에 대통령이 공포하지 아니할 때에는 국회의장이 이를 공포한다.

⑦ 법률은 특별한 규정이 없는 한 공포한 날로부터 20일을 경과함으

로써 효력을 발생한다.

제54조

① 국회는 국가의 예산안을 심의·확정한다.

② 정부는 회계연도마다 예산안을 편성하여 회계연도 개시 90일 전까지 국회에 제출하고, 국회는 회계연도 개시 30일 전까지 이를 의결하여야 한다.

③ 새로운 회계연도가 개시될 때까지 예산안이 의결되지 못한 때에는 정부는 국회에서 예산안이 의결될 때까지 다음의 목적을 위한 경비는 전년도 예산에 준하여 집행할 수 있다.

  1. 헌법이나 법률에 의하여 설치된 기관 또는 시설의 유지·운영

  2. 법률상 지출의무의 이행

  3. 이미 예산으로 승인된 사업의 계속

제55조

① 한 회계연도를 넘어 계속하여 지출할 필요가 있을 때에는 정부는 연한을 정하여 계속비로서 국회의 의결을 얻어야 한다.

② 예비비는 총액으로 국회의 의결을 얻어야 한다. 예비비의 지출은 차기 국회의 승인을 얻어야 한다.

제56조 정부는 예산에 변경을 가할 필요가 있을 때에는 추가경정 예산안을 편성하여 국회에 제출할 수 있다.

제57조 국회는 정부의 동의 없이 정부가 제출한 지출예산 각 항의 금액을 증가하거나 새 비목을 설치할 수 없다.

제58조 국채를 모집하거나 예산 외에 국가의 부담이 될 계약을 체결하려 할 때에는 정부는 미리 국회의 의결을 얻어야 한다.

제59조 조세의 종목과 세율은 법률로 정한다.

제60조

① 국회는 상호원조 또는 안전보장에 관한 조약, 중요한 국제조직에 관한 조약, 우호통상항해조약, 주권의 제약에 관한 조약, 강화조약, 국가나 국민에게 중대한 재정적 부담을 지우는 조약 또는 입법사항에 관한 조약의 체결·비준에 대한 동의권을 가진다.

② 국회는 선전포고, 국군의 외국에의 파견 또는 외국군대의 대한민국 영역 안에서의 주류에 대한 동의권을 가진다.

제61조

① 국회는 국정을 감사하거나 특정한 국정사안에 대하여 조사할 수 있으며, 이에 필요한 서류의 제출 또는 증인의 출석과 증언이나 의견의 진술을 요구할 수 있다.

② 국정감사 및 조사에 관한 절차 기타 필요한 사항은 법률로 정한다.

제62조

① 국무총리·국무위원 또는 정부위원은 국회나 그 위원회에 출석하여 국정처리상황을 보고하거나 의견을 진술하고 질문에 응답할 수 있다.

② 국회나 그 위원회의 요구가 있을 때에는 국무총리·국무위원 또는 정부위원은 출석·답변하여야 하며, 국무총리 또는 국무위원이

출석요구를 받은 때에는 국무위원 또는 정부위원으로 하여금 출석·답변하게 할 수 있다.

제63조

① 국회는 국무총리 또는 국무위원의 해임을 대통령에게 건의할 수 있다.

② 제1항의 해임건의는 국회재적의원 3분의 1 이상의 발의에 의하여 국회재적의원 과반수의 찬성이 있어야 한다.

제64조

① 국회는 법률에 저촉되지 아니하는 범위 안에서 의사와 내부규율에 관한 규칙을 제정할 수 있다.

② 국회는 의원의 자격을 심사하며, 의원을 징계할 수 있다.

③ 의원을 제명하려면 국회재적의원 3분의 2 이상의 찬성이 있어야 한다.

④ 제2항과 제3항의 처분에 대하여는 법원에 제소할 수 없다.

제65조

① 대통령·국무총리·국무위원·행정각부의 장·헌법재판소 재판관·법관·중앙선거관리위원회 위원·감사원장·감사위원 기타 법률이 정한 공무원이 그 직무집행에 있어서 헌법이나 법률을 위배한 때에는 국회는 탄핵의 소추를 의결할 수 있다.

② 제1항의 탄핵소추는 국회재적의원 3분의 1 이상의 발의가 있어야 하며, 그 의결은 국회재적의원 과반수의 찬성이 있어야 한다. 다

만, 대통령에 대한 탄핵소추는 국회재적의원 과반수의 발의와 국회재적의원 3분의 2 이상의 찬성이 있어야 한다.

③ 탄핵소추의 의결을 받은 자는 탄핵심판이 있을 때까지 그 권한행사가 정지된다.

④ 탄핵결정은 공직으로부터 파면함에 그친다. 그러나, 이에 의하여 민사상이나 형사상의 책임이 면제되지는 아니한다.

제4장 정부

제1절 대통령

제66조

① 대통령은 국가의 원수이며, 외국에 대하여 국가를 대표한다.

② 대통령은 국가의 독립·영토의 보전·국가의 계속성과 헌법을 수호할 책무를 진다.

③ 대통령은 조국의 평화적 통일을 위한 성실한 의무를 진다.

④ 행정권은 대통령을 수반으로 하는 정부에 속한다.

제67조

① 대통령은 국민의 보통·평등·직접·비밀선거에 의하여 선출한다.

② 제1항의 선거에 있어서 최고득표자가 2인 이상인 때에는 국회의 재적의원 과반수가 출석한 공개회의에서 다수표를 얻은 자를 당

선자로 한다.

③ 대통령 후보자가 1인일 때에는 그 득표수가 선거권자 총수의 3분의 1 이상이 아니면 대통령으로 당선될 수 없다.

④ 대통령으로 선거될 수 있는 자는 국회의원의 피선거권이 있고 선거일 현재 40세에 달하여야 한다.

⑤ 대통령의 선거에 관한 사항은 법률로 정한다.

제68조

① 대통령의 임기가 만료되는 때에는 임기만료 70일 내지 40일 전에 후임자를 선거한다.

② 대통령이 궐위된 때 또는 대통령 당선자가 사망하거나 판결 기타의 사유로 그 자격을 상실한 때에는 60일 이내에 후임자를 선거한다.

제69조 대통령은 취임에 즈음하여 다음의 선서를 한다.

"나는 헌법을 준수하고 국가를 보위하며 조국의 평화적 통일과 국민의 자유와 복리의 증진 및 민족문화의 창달에 노력하여 대통령으로서의 직책을 성실히 수행할 것을 국민 앞에 엄숙히 선서합니다."

제70조 대통령의 임기는 5년으로 하며, 중임할 수 없다.

제71조 대통령이 궐위되거나 사고로 인하여 직무를 수행할 수 없을 때에는 국무총리, 법률이 정한 국무위원의 순서로 그 권한을 대행한다.

제72조 대통령은 필요하다고 인정할 때에는 외교·국방·통일 기타 국가안위에 관한 중요정책을 국민투표에 붙일 수 있다.

제73조 대통령은 조약을 체결·비준하고, 외교사절을 신임·접수 또는 파견하며, 선전포고와 강화를 한다.

제74조

① 대통령은 헌법과 법률이 정하는 바에 의하여 국군을 통수한다.

② 국군의 조직과 편성은 법률로 정한다.

제75조 대통령은 법률에서 구체적으로 범위를 정하여 위임받은 사항과 법률을 집행하기 위하여 필요한 사항에 관하여 대통령령을 발할 수 있다.

제76조

① 대통령은 내우·외환·천재·지변 또는 중대한 재정·경제상의 위기에 있어서 국가의 안전보장 또는 공공의 안녕질서를 유지하기 위하여 긴급한 조치가 필요하고 국회의 집회를 기다릴 여유가 없을 때에 한하여 최소한으로 필요한 재정·경제상의 처분을 하거나 이에 관하여 법률의 효력을 가지는 명령을 발할 수 있다.

② 대통령은 국가의 안위에 관계되는 중대한 교전상태에 있어서 국가를 보위하기 위하여 긴급한 조치가 필요하고 국회의 집회가 불가능한 때에 한하여 법률의 효력을 가지는 명령을 발할 수 있다.

③ 대통령은 제1항과 제2항의 처분 또는 명령을 한 때에는 지체 없이 국회에 보고하여 그 승인을 얻어야 한다.

④ 제3항의 승인을 얻지 못한 때에는 그 처분 또는 명령은 그때부터 효력을 상실한다. 이 경우 그 명령에 의하여 개정 또는 폐지되었던

법률은 그 명령이 승인을 얻지 못한 때부터 당연히 효력을 회복한다.

⑤ 대통령은 제3항과 제4항의 사유를 지체 없이 공포하여야 한다.

제77조

① 대통령은 전시·사변 또는 이에 준하는 국가비상사태에 있어서 병력으로써 군사상의 필요에 응하거나 공공의 안녕질서를 유지할 필요가 있을 때에는 법률이 정하는 바에 의하여 계엄을 선포할 수 있다.

② 계엄은 비상계엄과 경비계엄으로 한다.

③ 비상계엄이 선포된 때에는 법률이 정하는 바에 의하여 영장제도, 언론·출판·집회·결사의 자유, 정부나 법원의 권한에 관하여 특별한 조치를 할 수 있다.

④ 계엄을 선포한 때에는 대통령은 지체 없이 국회에 통고하여야 한다.

⑤ 국회가 재적의원 과반수의 찬성으로 계엄의 해제를 요구한 때에는 대통령은 이를 해제하여야 한다.

제78조 대통령은 헌법과 법률이 정하는 바에 의하여 공무원을 임면한다.

제79조

① 대통령은 법률이 정하는 바에 의하여 사면·감형 또는 복권을 명할 수 있다.

② 일반사면을 명하려면 국회의 동의를 얻어야 한다.

③ 사면·감형 및 복권에 관한 사항은 법률로 정한다.

제80조 대통령은 법률이 정하는 바에 의하여 훈장 기타의 영전을 수여한다.

제81조 대통령은 국회에 출석하여 발언하거나 서한으로 의견을 표시할 수 있다.

제82조 대통령의 국법상 행위는 문서로써 하며, 이 문서에는 국무총리와 관계 국무위원이 부서한다. 군사에 관한 것도 또한 같다.

제83조 대통령은 국무총리·국무위원·행정각부의 장 기타 법률이 정하는 공사의 직을 겸할 수 없다.

제84조 대통령은 내란 또는 외환의 죄를 범한 경우를 제외하고는 재직 중 형사상의 소추를 받지 아니한다.

제85조 전직대통령의 신분과 예우에 관하여는 법률로 정한다.

제2절 행정부

제1관 국무총리와 국무위원

제86조

① 국무총리는 국회의 동의를 얻어 대통령이 임명한다.

② 국무총리는 대통령을 보좌하며, 행정에 관하여 대통령의 명을 받아 행정각부를 통할한다.

③ 군인은 현역을 면한 후가 아니면 국무총리로 임명될 수 없다.

제87조

① 국무위원은 국무총리의 제청으로 대통령이 임명한다.

② 국무위원은 국정에 관하여 대통령을 보좌하며, 국무회의의 구성원으로서 국정을 심의한다.

③ 국무총리는 국무위원의 해임을 대통령에게 건의할 수 있다.

④ 군인은 현역을 면한 후가 아니면 국무위원으로 임명될 수 없다.

제2관 국무회의

제88조

① 국무회의는 정부의 권한에 속하는 중요한 정책을 심의한다.

② 국무회의는 대통령·국무총리와 15인 이상 30인 이하의 국무위원으로 구성한다.

③ 대통령은 국무회의의 의장이 되고, 국무총리는 부의장이 된다.

제89조 다음 사항은 국무회의의 심의를 거쳐야 한다.

1. 국정의 기본계획과 정부의 일반정책
2. 선전·강화 기타 중요한 대외정책
3. 헌법개정안·국민투표안·조약안·법률안 및 대통령령안
4. 예산안·결산·국유재산처분의 기본계획·국가의 부담이 될 계약 기타 재정에 관한 중요사항
5. 대통령의 긴급명령·긴급재정경제처분 및 명령 또는 계엄과 그 해제
6. 군사에 관한 중요사항

7. 국회의 임시회 집회의 요구

8. 영진 수여

9. 사면·감형과 복권

10. 행정각부간의 권한의 획정

11. 정부 안의 권한의 위임 또는 배정에 관한 기본계획

12. 국정처리상황의 평가·분석

13. 행정각부의 중요한 정책의 수립과 조정

14. 정당해산의 제소

15. 정부에 제출 또는 회부된 정부의 정책에 관계되는 청원의 심사

16. 검찰총장·합동참모의장·각군참모총장·국립대학교총장·대사 기타 법률이 정한 공무원과 국영기업체관리자의 임명

17. 기타 대통령·국무총리 또는 국무위원이 제출한 사항

제90조

① 국정의 중요한 사항에 관한 대통령의 자문에 응하기 위하여 국가원로로 구성되는 국가원로자문회의를 둘 수 있다.

② 국가원로자문회의의 의장은 직전대통령이 된다. 다만, 직전대통령이 없을 때에는 대통령이 지명한다.

③ 국가원로자문회의의 조직·직무범위 기타 필요한 사항은 법률로 정한다.

제91조

① 국가안전보장에 관련되는 대외정책·군사정책과 국내정책의 수립

에 관하여 국무회의의 심의에 앞서 대통령의 자문에 응하기 위하여 국가안전보장회의를 둔다.

② 국가안전보장회의는 대통령이 주재한다.

③ 국가안전보장회의의 조직·직무범위 기타 필요한 사항은 법률로 정한다.

제92조

① 평화통일정책의 수립에 관한 대통령의 자문에 응하기 위하여 민주평화통일자문회의를 둘 수 있다.

② 민주평화통일자문회의의 조직·직무범위 기타 필요한 사항은 법률로 정한다.

제93조

① 국민경제의 발전을 위한 중요정책의 수립에 관하여 대통령의 자문에 응하기 위하여 국민경제자문회의를 둘 수 있다.

② 국민경제자문회의의 조직·직무범위 기타 필요한 사항은 법률로 정한다.

제3관 행정각부

제94조 행정각부의 장은 국무위원 중에서 국무총리의 제청으로 대통령이 임명한다.

제95조 국무총리 또는 행정각부의 장은 소관사무에 관하여 법률이나 대통령령의 위임 또는 직권으로 총리령 또는 부령을 발할 수 있다.

제96조 행정각부의 설치·조직과 직무범위는 법률로 정한다.

제4관 감사원

제97조 국가의 세입·세출의 결산, 국가 및 법률이 정한 단체의 회계검사와 행정기관 및 공무원의 직무에 관한 감찰을 하기 위하여 대통령 소속하에 감사원을 둔다.

제98조

① 감사원은 원장을 포함한 5인 이상 11인 이하의 감사위원으로 구성한다.

② 원장은 국회의 동의를 얻어 대통령이 임명하고, 그 임기는 4년으로 하며, 1차에 한하여 중임할 수 있다.

③ 감사위원은 원장의 제청으로 대통령이 임명하고, 그 임기는 4년으로 하며, 1차에 한하여 중임할 수 있다.

제99조 감사원은 세입·세출의 결산을 매년 검사하여 대통령과 차년도 국회에 그 결과를 보고하여야 한다.

제100조 감사원의 조직·직무범위·감사위원의 자격·감사대상공무원의 범위 기타 필요한 사항은 법률로 정한다.

제5장 법원

제101조

① 사법권은 법관으로 구성된 법원에 속한다.

② 법원은 최고법원인 대법원과 각급 법원으로 조직된다.

③ 법관의 자격은 법률로 정한다.

제102조

① 대법원에 부를 둘 수 있다.

② 대법원에 대법관을 둔다. 다만, 법률이 정하는 바에 의하여 대법관이 아닌 법관을 둘 수 있다.

③ 대법원과 각급 법원의 조직은 법률로 정한다.

제103조 법관은 헌법과 법률에 의하여 그 양심에 따라 독립하여 심판한다.

제104조

① 대법원장은 국회의 동의를 얻어 대통령이 임명한다.

② 대법관은 대법원장의 제청으로 국회의 동의를 얻어 대통령이 임명한다.

③ 대법원장과 대법관이 아닌 법관은 대법관회의의 동의를 얻어 대법원장이 임명한다.

제105조

① 대법원장의 임기는 6년으로 하며, 중임할 수 없다.

② 대법관의 임기는 6년으로 하며, 법률이 정하는 바에 의하여 연임

할 수 있다.

③ 대법원장과 대법관이 아닌 법관의 임기는 10년으로 하며, 법률이 정하는 바에 의하여 연임할 수 있다.

④ 법관의 정년은 법률로 정한다.

제106조

① 법관은 탄핵 또는 금고 이상의 형의 선고에 의하지 아니하고는 파면되지 아니하며, 징계처분에 의하지 아니하고는 정직·감봉 기타 불리한 처분을 받지 아니한다.

② 법관이 중대한 심신상의 장해로 직무를 수행할 수 없을 때에는 법률이 정하는 바에 의하여 퇴직하게 할 수 있다.

제107조

① 법률이 헌법에 위반되는 여부가 재판의 전제가 된 경우에는 법원은 헌법재판소에 제청하여 그 심판에 의하여 재판한다.

② 명령·규칙 또는 처분이 헌법이나 법률에 위반되는 여부가 재판의 전제가 된 경우에는 대법원은 이를 최종적으로 심사할 권한을 가진다.

③ 재판의 전심절차로서 행정심판을 할 수 있다. 행정심판의 절차는 법률로 정하되, 사법절차가 준용되어야 한다.

제108조 대법원은 법률에 저촉되지 아니하는 범위 안에서 소송에 관한 절차, 법원의 내부규율과 사무처리에 관한 규칙을 제정할 수 있다.

제109조 재판의 심리와 판결은 공개한다. 다만, 심리는 국가의 안전보장

또는 안녕질서를 방해하거나 선량한 풍속을 해할 염려가 있을 때에는 법원의 결정으로 공개하지 아니할 수 있다.

제110조

① 군사재판을 관할하기 위하여 특별법원으로서 군사법원을 둘 수 있다.

② 군사법원의 상고심은 대법원에서 관할한다.

③ 군사법원의 조직·권한 및 재판관의 자격은 법률로 정한다.

④ 비상계엄하의 군사재판은 군인·군무원의 범죄나 군사에 관한 간첩죄의 경우와 초병·초소·유독음식물공급·포로에 관한 죄 중 법률이 정한 경우에 한하여 단심으로 할 수 있다. 다만, 사형을 선고한 경우에는 그러하지 아니하다.

제6장 헌법재판소

제111조

① 헌법재판소는 다음 사항을 관장한다.

　1. 법원의 제청에 의한 법률의 위헌여부 심판

　2. 탄핵의 심판

　3. 정당의 해산 심판

　4. 국가기관 상호간, 국가기관과 지방자치단체간 및 지방자치단체

상호간의 권한쟁의에 관한 심판

5. 법률이 정하는 헌법소원에 관한 심판

② 헌법재판소는 법관의 자격을 가진 9인의 재판관으로 구성하며, 재판관은 대통령이 임명한다.

③ 제2항의 재판관 중 3인은 국회에서 선출하는 자를, 3인은 대법원장이 지명하는 자를 임명한다.

④ 헌법재판소의 장은 국회의 동의를 얻어 재판관 중에서 대통령이 임명한다.

제112조

① 헌법재판소 재판관의 임기는 6년으로 하며, 법률이 정하는 바에 의하여 연임할 수 있다.

② 헌법재판소 재판관은 정당에 가입하거나 정치에 관여할 수 없다.

③ 헌법재판소 재판관은 탄핵 또는 금고 이상의 형의 선고에 의하지 아니하고는 파면되지 아니한다.

제113조

① 헌법재판소에서 법률의 위헌결정, 탄핵의 결정, 정당해산의 결정 또는 헌법소원에 관한 인용결정을 할 때에는 재판관 6인 이상의 찬성이 있어야 한다.

② 헌법재판소는 법률에 저촉되지 아니하는 범위 안에서 심판에 관한 절차, 내부규율과 사무처리에 관한 규칙을 제정할 수 있다.

③ 헌법재판소의 조직과 운영 기타 필요한 사항은 법률로 정한다.

제7장 선거관리

제114조

① 선거와 국민투표의 공정한 관리 및 정당에 관한 사무를 처리하기 위하여 선거관리위원회를 둔다.

② 중앙선거관리위원회는 대통령이 임명하는 3인, 국회에서 선출하는 3인과 대법원장이 지명하는 3인의 위원으로 구성한다. 위원장은 위원 중에서 호선한다.

③ 위원의 임기는 6년으로 한다.

④ 위원은 정당에 가입하거나 정치에 관여할 수 없다.

⑤ 위원은 탄핵 또는 금고 이상의 형의 선고에 의하지 아니하고는 파면되지 아니한다.

⑥ 중앙선거관리위원회는 법령의 범위 안에서 선거관리·국민투표관리 또는 정당사무에 관한 규칙을 제정할 수 있으며, 법률에 저촉되지 아니하는 범위 안에서 내부규율에 관한 규칙을 제정할 수 있다.

⑦ 각급 선거관리위원회의 조직·직무범위 기타 필요한 사항은 법률로 정한다.

제115조

① 각급 선거관리위원회는 선거인명부의 작성 등 선거사무와 국민투표사무에 관하여 관계 행정기관에 필요한 지시를 할 수 있다.

② 제1항의 지시를 받은 당해 행정기관은 이에 응하여야 한다.

제116조

① 선거운동은 각급 선거관리위원회의 관리하에 법률이 정하는 범위 안에서 하되, 균등한 기회가 보장되어야 한다.

② 선거에 관한 경비는 법률이 정하는 경우를 제외하고는 정당 또는 후보자에게 부담시킬 수 없다.

제8장 지방자치

제117조

① 지방자치단체는 주민의 복리에 관한 사무를 처리하고 재산을 관리하며, 법령의 범위 안에서 자치에 관한 규정을 제정할 수 있다.

② 지방자치단체의 종류는 법률로 정한다.

제118조

① 지방자치단체에 의회를 둔다.

② 지방의회의 조직·권한·의원선거와 지방자치단체의 장의 선임방법 기타 지방자치단체의 조직과 운영에 관한 사항은 법률로 정한다.

제9장 경제

제119조

① 대한민국의 경제질서는 개인과 기업의 경제상의 자유와 창의를 존중함을 기본으로 한다.

② 국가는 균형 있는 국민경제의 성장 및 안정과 적정한 소득의 분배를 유지하고, 시장의 지배와 경제력의 남용을 방지하며, 경제주체간의 조화를 통한 경제의 민주화를 위하여 경제에 관한 규제와 조정을 할 수 있다.

제120조

① 광물 기타 중요한 지하자원·수산자원·수력과 경제상 이용할 수 있는 자연력은 법률이 정하는 바에 의하여 일정한 기간 그 채취·개발 또는 이용을 특허할 수 있다.

② 국토와 자원은 국가의 보호를 받으며, 국가는 그 균형 있는 개발과 이용을 위하여 필요한 계획을 수립한다.

제121조

① 국가는 농지에 관하여 경자유전의 원칙이 달성될 수 있도록 노력하여야 하며, 농지의 소작제도는 금지된다.

② 농업생산성의 제고와 농지의 합리적인 이용을 위하거나 불가피한 사정으로 발생하는 농지의 임대차와 위탁경영은 법률이 정하는 바에 의하여 인정된다.

제122조 국가는 국민 모두의 생산 및 생활의 기반이 되는 국토의 효율적이고 균형 있는 이용·개발과 보전을 위하여 법률이 정하는 바에 의하여 그에 관한 필요한 제한과 의무를 과할 수 있다.

제123조

① 국가는 농업 및 어업을 보호·육성하기 위하여 농·어촌종합개발과 그 지원 등 필요한 계획을 수립·시행하여야 한다.

② 국가는 지역간의 균형 있는 발전을 위하여 지역경제를 육성할 의무를 진다.

③ 국가는 중소기업을 보호·육성하여야 한다.

④ 국가는 농수산물의 수급균형과 유통구조의 개선에 노력하여 가격안정을 도모함으로써 농·어민의 이익을 보호한다.

⑤ 국가는 농·어민과 중소기업의 자조조직을 육성하여야 하며, 그 자율적 활동과 발전을 보장한다.

제124조 국가는 건전한 소비행위를 계도하고 생산품의 품질향상을 촉구하기 위한 소비자보호운동을 법률이 정하는 바에 의하여 보장한다.

제125조 국가는 대외무역을 육성하며, 이를 규제·조정할 수 있다.

제126조 국방상 또는 국민경제상 긴절한 필요로 인하여 법률이 정하는 경우를 제외하고는, 사영기업을 국유 또는 공유로 이전하거나 그 경영을 통제 또는 관리할 수 없다.

제127조

① 국가는 과학기술의 혁신과 정보 및 인력의 개발을 통하여 국민경

제의 발전에 노력하여야 한다.

② 국가는 국가표준제도를 확립한다.

③ 대통령은 제1항의 목적을 달성하기 위하여 필요한 자문기구를 둘 수 있다.

제10장 헌법개정

제128조

① 헌법개정은 국회재적의원 과반수 또는 대통령의 발의로 제안된다.

② 대통령의 임기연장 또는 중임변경을 위한 헌법개정은 그 헌법개정 제안 당시의 대통령에 대하여는 효력이 없다.

제129조 제안된 헌법개정안은 대통령이 20일 이상의 기간 이를 공고하여야 한다.

제130조

① 국회는 헌법개정안이 공고된 날로부터 60일 이내에 의결하여야 하며, 국회의 의결은 재적의원 3분의 2 이상의 찬성을 얻어야 한다.

② 헌법개정안은 국회가 의결한 후 30일 이내에 국민투표에 붙여 국회의원선거권자 과반수의 투표와 투표자 과반수의 찬성을 얻어야 한다.

③ 헌법개정안이 제2항의 찬성을 얻은 때에는 헌법개정은 확정되며,

대통령은 즉시 이를 공포하여야 한다.

부칙 <제10호, 1987. 10. 29.>

제1조 이 헌법은 1988년 2월 25일부터 시행한다. 다만, 이 헌법을 시행하기 위하여 필요한 법률의 제정·개정과 이 헌법에 의한 대통령 및 국회의원의 선거 기타 이 헌법시행에 관한 준비는 이 헌법시행 전에 할 수 있다.

제2조

① 이 헌법에 의한 최초의 대통령선거는 이 헌법시행일 40일 전까지 실시한다.

② 이 헌법에 의한 최초의 대통령의 임기는 이 헌법시행일로부터 개시한다.

제3조

① 이 헌법에 의한 최초의 국회의원선거는 이 헌법공포일로부터 6월 이내에 실시하며, 이 헌법에 의하여 선출된 최초의 국회의원의 임기는 국회의원선거 후 이 헌법에 의한 국회의 최초의 집회일로부터 개시한다.

② 이 헌법 공포 당시의 국회의원의 임기는 제1항에 의한 국회의 최초의 집회일 전일까지로 한다.

제4조

① 이 헌법시행 당시의 공무원과 정부가 임명한 기업체의 임원은 이 헌법에 의하여 임명된 것으로 본다. 다만, 이 헌법에 의하여 선임방법이나 임명권자가 변경된 공무원과 대법원장 및 감사원장은 이 헌법에 의하여 후임자가 선임될 때까지 그 직무를 행하며, 이 경우 전임자인 공무원의 임기는 후임자가 선임되는 전일까지로 한다.

② 이 헌법시행 당시의 대법원장과 대법원판사가 아닌 법관은 제1항 단서의 규정에 불구하고 이 헌법에 의하여 임명된 것으로 본다.

③ 이 헌법 중 공무원의 임기 또는 중임제한에 관한 규정은 이 헌법에 의하여 그 공무원이 최초로 선출 또는 임명된 때로부터 적용한다.

제5조 이 헌법시행 당시의 법령과 조약은 이 헌법에 위배되지 아니하는 한 그 효력을 지속한다.

제6조 이 헌법시행 당시에 이 헌법에 의하여 새로 설치될 기관의 권한에 속하는 직무를 행하고 있는 기관은 이 헌법에 의하여 새로운 기관이 설치될 때까지 존속하며 그 직무를 행한다.

에필로그:

우리는 헌법을 쓰지 않았지만, 그 곁에 있습니다

저는 헌법을 써본 적은 없습니다. 하지만 헌법이 지키고자 했던 사람들과, 그들의 삶을 곁에서 지켜본 적은 있습니다.

2024년 12월 3일 밤, 갑작스러운 계엄령 선포와 그것을 막아낸 시민들의 힘을 보며 저는 헌법의 진짜 의미를 다시 깨달았습니다. 누군가는 거리를 멈춰 섰고, 또 누군가는 책상 앞에서 조용히 스스로에게 물었습니다. "이건 옳은가?", "왜 이건 당연하지 않은가?" 그 단순한 질문들이 모여 헌법을 움직이고 지켜낸 힘이 되어 왔습니다.

이 책은 1919년 임시정부가 꿈꾼 '민주공화국'에서 시작해, 1948년 「제헌헌법」이 세운 국가의 틀을 거쳐, 1987년 시민의 손으로 되살린 민주주의까지, 백 년이 넘는 헌법의 여정을 함께 걸었습니다.

권력이 먼저가 아니라 '권리'를 먼저 기록한 1919년의 정신은, 「제헌헌법」과 여러 차례의 개헌을 거쳐 오늘의 헌법으로 이어졌습니다. "주권은 국민에게 있고, 국가는 국민의 자유와 권리를 보장해야 한다." 이 문장은 이제 이상이 아니라, 우리가 살아가는 현실의 기준이 되었습니다.

이 여정에서 우리는 몇 가지를 확인했습니다.

첫째, 헌법은 멀리 있지 않고 우리의 일상에 있습니다.

학교의 무상급식, 직장의 근로조건, 병원의 건강보험, 온라인의 표현의 자유까지. 모두 헌법이 약속한 권리입니다.

둘째, 권리는 주어지는 것이 아니라 지켜내야 하는 것입니다.

1987년 6월 항쟁이 없었다면 대통령을 직접 뽑지 못했을 것이고, 시민들의 꾸준한 목소리가 없었다면 청소년 참정권이나 기후 위기 대응 같은 새로운 권리도 태어나지 못했을 것입니다.

셋째, 헌법을 지키는 일은 거창하지 않습니다.

차별적 발언에 "그건 좀 아닌 것 같다"고 말하는 순간, 부당한 대우를 받는 동료의 편에 서는 순간, 투표장에서 신중히 한 표를 행사하는 순간, 그런 작은 행동들이 헌법을 살아 있게 만듭니다.

헌법은 거대한 성벽이 아니라, 일상에 붙어 있는 조용한 쪽지와 같습니다.

"다름을 존중하기."

"불의에 침묵하지 않기."

"권리는 함께 지키는 것."

우리는 이 문장들을 이미 마음속에 적어 두고 살아가고 있는지도 모릅니다. 그래서 헌법은 언제나 우리 곁에 있습니다. 우리가 묻고, 의심하고, 기억하고, 말하는 그 모든 순간에. 그리고 이제, 그 문장을 읽은 사람으로서 살아가야 할 우리 앞에 조용히 서 있습니다.

헌법은 우리가 읽고, 기억하고, 살아내야 할 오늘의 약속입니다.

1919년 그 약속, 오늘 우리의 민주주의
우리가 지켜낸 헌법

초판 1쇄 펴낸날 2025년 11월 20일
지은이 신형태 **펴낸이** 신지원 신민식 **펴낸곳** 도서출판 지식여행
책임편집 김민아 **디자인** 네모점빵
출판등록 제2021-000133호
주소 서울시 마포구 토정로 222 한국출판콘텐츠센터 419호
전화 02-333-1122 **팩스** 02-332-4111 **이메일** editor@jisikyh.com
제작 한국학술정보(주)
ISBN 978-89-6109-569-3 (03300)

* 책값은 뒤표지에 적혀 있습니다.
* 잘못 만들어진 책은 구입하신 서점에서 바꾸어 드립니다.
* 이 책의 전부 또는 일부 내용을 재사용하려면 사전에 도서출판 지식여행의 동의를 받아야 합니다.